アクティブ・ラーニングを位置づけた高校英語の授業プラン

菅 正隆・松下 信之 著

明治図書

はじめに
Introduction

　平成28年12月21日に，中央教育審議会から「幼稚園，小学校，中学校，高等学校及び特別支援学校の学習指導要領等の改善及び必要な方策等について」（答申）が出された。その中にあって，特に目を引くのは，従来の指導の在り方を根本的に覆す「アクティブ・ラーニング」の考え方である。今まで，指導の在り方といえば教師個々の考えに立って，授業が行われてきており，国としても特段指導の在り方にまで口を出すことはなかった。しかし，今回，国として，指導の在り方にまで踏み込んできた形となっている。

　これは，高校の英語授業を見るとよく分かる。50分の授業を全て日本語で進め，黒板を使っての文法説明，音読練習，そして日本語による訳読と，昭和の時代の教師主導型授業がまだまだ全国で見受けられる。結果，この授業を受けた生徒の学力はそれほど向上していないことが分かっている。そこで，国が指導の在り方にまで，口を出すことになったのである。

　とりわけ，今回の中央教育審議会の答申では，「アクティブ・ラーニング」の言葉は，「主体的・対話的で深い学び」の表現に変わり，さまざまな視点から指導の在り方について述べられている。中でも，これからの授業の目的が，以下の文章に示されており，これは，全ての教科や領域の指導の考え方にも共通する。

> ○　これが「アクティブ・ラーニング」の視点からの授業改善であるが，形式的に対話型を取り入れた授業や特定の指導の型を目指した技術の改善にとどまるものではなく，子供たちそれぞれの興味や関心を基に，一人一人の個性に応じた多様で質の高い学びを引き出すことを意図するものであり，さらに，それを通してどのような資質・能力を育むかという観点から，学習の在り方そのものの問い直しを目指すものである。

　また，英語教育においては，特に以下の文章が目を引く。

> ○　外国語の学習においては，語彙や文法等の個別の知識がどれだけ身に付いたかに主眼が置かれるのではなく，児童生徒の学びの過程全体を通じて，知識・技能が，実際のコミュニケーションにおいて活用され，思考・判断・表現することを繰り返すことを通じて獲得され，学習内容の理解が深まるなど，資質・能力が相互に関係し合いながら育成されることが必要である。

とある。つまり，今まで指導されてきた英語教育では，子供たちに真のコミュニケーション能力を育成することができなかった面もあるという反省に立っていることが分かる。確かにそう

である。知識偏重型の授業だけが大学入試の問題に対応でき，塾や予備校では，文法，語彙，訳読といった問題に対応した訓練鍛錬ばかりがなされ，入試に合格するためだけの英語教育が行われてきたのである。その結果，「聞き取れない」「話せない」など，日本人の多くが生涯に渡って利用価値の高いコミュニケーション能力など身に付かずに社会に出て，英語で苦しんでいるという現実がある。その責任は社会や国にある。それを変えようということである。至極当然のことである。

そこで，折しもアクティブ・ラーニングの考え方が高校の指導法にも取り入れられることになったわけである。授業の主役を教師から生徒に，そして，知識偏重型の授業から，生徒が自ら考え，自ら積極的に自分の考えや意見を伝えられるような，生徒中心の授業へと大きな舵をきったのである。ただし，教師は，その指導の在り方を鵜呑みにして表面的な授業を行うのか，それとも，それらの考え方や事例を受け止めながら，目の前の生徒たちに合わせて，新しい自分自身の授業を創り上げていくのか，考えなければならない。これは，よく「教科書を教えるのか，教科書で教えるのか」に似ている。もし，「教科書を教える」側に立って，右のものを左に移し替えるような単純な授業を施すのであれば，生徒には永遠に英語を通した生きる力など身に付けさせることはできない。

一方，「教科書で教える」側に立って，教科書をアレンジして，目の前にいる生徒たちの状況を考えながら，自分自身の授業を創り上げることができるのであれば，次期学習指導要領が求める「思考力・判断力・表現力」等を確実に生徒に身に付けさせることができるであろう。これが，教師に課せられた近々の課題である。

そこで，今回，このためにも本書を急遽出版することとなった。これは，真に生徒のためになり，教師の指導力も向上させられるためには，どのような考え方に立って，どのような授業を実践するべきかを，私と2014年度（その年の国内で最も優れた英語授業者に贈られる）パーマー賞の受賞者でもある松下信之先生との共著の形で，自信を持って世に出すものである。

本書では，アクティブ・ラーニングの具体的な解説から始め，中央教育審議会の答申にある理念を実現するために，どのように授業改善を行えばよいのかを分かりやすく明示している。是非，本書をご活用いただき，明日の生徒たち一人一人のために，ご努力いただきたいと願っている。

最後に，本書の作成にあたって，明治図書出版の木山麻衣子氏，有海有理氏には心から感謝とお礼を申し上げるとともに，本書に教科書本文を提供いただいた教育出版（株）並びに（株）新興出版社啓林館には，心から感謝したいと思う。

2017年7月吉日

菅　正隆

もくじ
Contents

はじめに

第1章 アクティブ・ラーニングを位置づけた高校英語の授業づくり

1 アクティブ・ラーニングとは何か ……………………………………………………… 8

2 アクティブ・ラーニングの元々の考え方 ……………………………………………… 10

3 高校にアクティブ・ラーニングが取り入れられた理由 ……………………………… 12

4 英語におけるアクティブ・ラーニングの考え方 ……………………………………… 14

5 アクティブ・ラーニングの落とし穴 …………………………………………………… 16

6 高校英語におけるアクティブ・ラーニングの位置づけ ……………………………… 17

7 アクティブ・ラーニングを位置づけた高校英語の授業 ……………………………… 19

8 本書におけるアクティブ・ラーニングのとらえ ……………………………………… 24

第2章 アクティブ・ラーニングを位置づけた高校英語の授業プラン

基礎編・リーディングを中心にした授業 ……………………………………… 26
（1年／Let's See the world ―世界を見にでかけよう―）

基礎編・リスニングを中心にした授業 ……………………………………… 34
（1年／The Ninth Symphony in December ―「第九」交響曲と日本人―）

発展編・リスニングを中心にした授業 ……………………………………… 42
（1年／Christian the Lion ―ライオンのクリスチャン―）

発展編・リーディングを中心にした授業 …………………………………… 50
（1年／Bopsy ―ボプシー―）

基礎編・ライティングを中心にした授業 …………………………………… 58
（2年／Ambassador of World Peace ―サクラの花は平和の親善大使―）

基礎編・複数技能統合のやり取りを中心にした授業 ……………………… 66
（2年／The Only Japanese on the Titanic ―タイタニック号に乗船していた唯一の日本人―）

発展編・ライティングを中心にした授業 …………………………………… 74
（2年／Stay Hungry, Stay Foolish ―貪欲であれ，愚かであれ―）

発展編・スピーキングのやり取りを中心にした授業 ……………………… 82
（2年／Life in a Jar ―瓶の中の命―）

基礎編・ライティングの発表を中心にした授業 …………………………………………………… 90
（3年／The Secret Annexe —アンネの日記と隠れ家—）

基礎編・複数技能統合の授業 …………………………………………………………………………… 98
（3年／Ancient Rome —文化的に豊かな生活を送るローマ人—）

発展編・スピーキングの発表を中心にした授業 ……………………………………………… 106
（3年／Praying Hands —祈りの手—）

発展編・複数技能統合の授業 …………………………………………………………………………… 114
（3年／How Can We Save Disappearing Languages? —消滅する言語をどうすれば守れるか—）

第3章 アクティブ・ラーニングを位置づけた高校英語の授業の評価

1 新しい評価の在り方 ……………………………………………………………………………………… 124

2 アクティブ・ラーニングを位置づけた授業の評価 ……………………………………… 132

第1章

アクティブ・ラーニングを位置づけた高校英語の授業づくり

1

1 アクティブ・ラーニングとは何か

　最近富みに教育用語としての「アクティブ・ラーニング」という言葉を目にすることが多くなった。中央教育審議会を始め，さまざまな審議会，学習指導要領関連の文章の中にも数多く見て取ることができる。しかし，誰でもが目にする言葉ではあっても，本質を理解しているかどうかは疑問である。そこで，具体的に，アクティブ・ラーニングとは何かを述べ，その後に，授業ではどのように考え，どのように取り込んでいくべきかを述べていきたい。

　まず，用語としての「アクティブ・ラーニング」をどのように捉えるべきかである。文部科学省の用語集には以下のようにある。

> 　教員による一方向的な講義形式の教育とは異なり，学修者の能動的な学修への参加を取り入れた教授・学習法の総称。学修者が能動的に学修することによって，認知的，倫理的，社会的能力，教養，知識，経験を含めた汎用的能力の育成を図る。発見学習，問題解決学習，体験学習，調査学習等が含まれるが，教室内でのグループ・ディスカッション，ディベート，グループ・ワーク等も有効なアクティブ・ラーニングの方法である。

　これは，当初から，小学校，中学校，そして高校に取り入れようとしたものではない。読者の方々も経験があると思うが，大学での授業を思い出していただくとよく分かる。90分の授業で，先生方が一方的に話し，黒板に書き，それを学生が漫然と聞き，ノートに書き写す怠惰な90分。これは誰でも経験したことがあるはずだ。能動的（active）に対して，受動的（passive）な授業。そして，テストはそれを確認するための単なる記憶力のテスト。まさにこれは，いかなる能力にもつながらない汎用性のない授業とも言える。脳裏に昔の大学の先生の顔が浮かんだかもしれない。それを打破しようと，平成20年3月25日に中央教育審議会大学分科会の制度・教育部会から出された「学士課程教育の構築に向けて（審議のまとめ）」の中に教育方法の改革の方策として以下のように記載されている。

> 　学習の動機付けを図りつつ，双方向型の学習を展開するため，講義そのものを魅力あるものにすると共に，体験活動を含む多様な教育方法を積極的に取り入れる。
> 　学生の主体的・能動的な学びを引き出す教授法（アクティブ・ラーニング）を重視し，例えば，学生参加型授業，協調・協同学習，課題解決・探求学習，PBL（Problem/Project Based Learning）などを取り入れる。大学の実情に応じ，社会奉仕体験活動，

> サービス・ラーニング，フィールドワーク，インターンシップ，海外体験学習や短期留学等の体験活動を効果的に実施する。学外の体験活動についても，教育の質を確保するよう，大学の責任の下で実施する。

　つまり，大学の授業を根本的に改革しようとアクティブ・ラーニングを取り入れたのである。それ以来，大学では，教師の組織的な研修（ファカルティ・ディベロップメント（FD））の実施が各大学に義務付けられた。また，教師と職員との協働関係を一層強化するため，職員の職能開発（スタッフ・ディベロップメント（SD））を推進して専門性の向上を図り，教育・経営などのさまざまな面で，連携が図られるようになった。

授業改善を行うための一考

　「ラーニングピラミッド」を例に考えてみたい。アメリカのNational Training Laboratoriesによると，授業方法による学習定着率を測ると，伝統的な「講義」形式での学習定着率は5％程度であり，さまざまな指導方法の中でも極端に定着率が低いことが分かっている。つまり，講義を聞いているだけではほとんど何も身に付かないということである。今まで多くの学校では，一方的に講義をして知識を注入する方法が取られており，今回のアクティブ・ラーニング導入のきっかけともなっている。

　次に低い定着率として，「読む，読書」が挙げられる。それは10％程度で，生徒にとって自分自身で教科書等を読むだけでは定着が期待できないということである。しかし，教師はそれを宿題として生徒に課してきた部分も多い。以下，「視聴覚教材を使用する」20％，「デモンストレーション（実演）を見る」30％で，ここまでは，全て50％以下の定着率である。

　一方，お互いに議論する「グループでの討論」50％，自分の意見を書いたり，スピーチをしたりする「体験を通した学習」75％，そして，定着率が最も高いのは，「学んだことを他の人に教える，教え合う」で90％である。つまり，アクティブ・ラーニングで求められているグループなど他の生徒との討論や発表，教え合いなどの授業方法を取ると，学習定着率が50％以上も期待でき，真の学力が身に付くと考えられているのである。これらの数字からも，アクティブ・ラーニングの意味を適格に理解し，今までの授業を振り返り，授業改善に取り組むことが求められているのである。

　ただし，アクティブ・ラーニングには落とし穴があり，全てに礼賛するとさまざまなリスクを負うことにもなりかねないので，注意する必要がある。この点は後述する。

2 アクティブ・ラーニングの元々の考え方

　では，アクティブ・ラーニングのそもそもの考え方はどこからきているのであろうか。これは，1991年にアメリカのチャールズ・ボンウェルとジム・エイソン（Bonwell & Eison, 1991）が提唱した学習論に起因する。その中で，アクティブ・ラーニングについて，大学での学生を対象として，次のような特徴を持つものとされている（菅訳）。

> 　学生は，受動的に教師からの話を一方的に聞くのではなく（教師は一方的に学生に講義するのではなく），さまざまな活動（例えば，読む，話す，書く）に積極的に参加させながら，単に知識や情報の伝達から，より高度な能力や技能の習得をめざすとともに，より高度な態度の育成をもめざす。また，授業では，学生に興味関心を持たせ，教師側からのフィードバックを受けながら，より高度な思考状態（分析，統合，評価等）にもっていく。

　一方，アクティブ・ラーニングが効果的に実践されている例としては，日本の高校に当てはめて考えると，以下のようになると思われる。

> 1．クラス内での外国語を通じて話し合いを多く持つ。
> 2．ペア（2人組）で学習内容を確認し合う（リテリング等）。
> 3．個別学習からペア学習など複数での学び合う場面を増やす。
> 4．協同学習として，グループ学習（3〜6人）を取り入れる。
> 5．身に付けた知識・技能を活用・探究する場面を多く設ける。
> 6．スピーチ，プレゼンテーション，ディベート，ディスカッション等に取り組む。
> 7．インターネット等を用いてグループで情報収集，調査，発表，討論等を行う。
> 8．身近な話題から社会問題までのさまざまな課題について自分の考えをまとめ発表する。
> 9．ICTを積極的に活用しながら，知識・技能を向上させる。

　ここで，アクティブ・ラーニングについて簡単にまとめてみると，本来は海外で考えられ，それを，日本の大学教育の改革のために導入が図られたものである。それは，教師側からの一方的な講義からの脱却をめざし，学生が積極的に，能動的に，そして主体的に学ぶ場面としてのアクティブ・ラーニングである。それが，学生の生きる力を育み，能力や技能を向上させることにつながるということである。

確かに，大学には，「俺様」教師がたくさんいて，学生ができないのは全て学生のせいにして，自分の指導力のなさには気付かない。その授業を覗くと，教師が一方的に話し（しかも，学生の顔は見ていない），黒板に書き，出席している学生は寝ているか，スマートフォンをいじっているかのいずれかである。ただ，単位を修得すればそれでよいと考えている学生にとっては，能力や技能の向上などどうでもよいことである。これが，日本の国力の衰退，学生の能力低下にもつながっていると考えられる。

つまり，授業の視点を180度変えることがアクティブ・ラーニングの考え方でもある。教師主導型（Teachers-centered）から生徒主導型（Students-centered）への転換が急務であるということである。しかし，これらが，なぜ，小学校，中学校，そして高等学校教育に取り入れられることになったのであろうか。

生徒主導型とは

かつて，「自学自習」の授業がもてはやされた時代があった。しかし，これは，生徒に十分な基礎基本が備わっていて，しかも，学習方法を十分に理解している場合にのみ可能なことである。これらが1つでも欠けている場合には，単に教師の手抜きと取られても仕方がないものである。

真の生徒主導型とは，生徒を常に主役にすることである。教師が主役を務めることではなく，常に黒子に徹することである。ただし，基礎基本の定着には教師の力が無くてはならない。何も無い平地に建物を建てるには，建築士（教師）の力が必要になる。全く知識のないものが建物を建てることはできない。教師に土台や柱，梁を作ってもらい，残りの建て付けや装飾，仕上げなどは生徒自らに考えさせるものである。つまり，さまざまな場面で，今まで教師の仕事と思われていた部分を生徒に代わりに行わせ，それぞれで学力の向上を図ろうとする。

例えば，従前の文法の指導を考えてみよう。多くの学校では，英語担当の教師が，黒板や文法書を使って，例文を読ませながら説明したり，問題を解かせながら解説したりと，常に教師が主役であった。これを生徒に任せるのである。この方法に慣れない場合は，最初は教師がマネジメントをしなければならないが，徐々に，進め方も生徒に任せるべきである。

例えば，流れは次のようになる。事前に生徒に文法事項について学習させておき，授業内で何名かに文法の説明をさせる。しかし，完璧に説明できるとも限らない。他の生徒にも説明をさせ，誰の説明が最も分かりやすかったか，どの点が分かりづらかったかなど，クラス全体を巻き込んで全員が意識を持って考える場面をつくる。これにより，教師が一方的に説明する以上に，生徒一人一人が目的意識を持って文法事項を考え，悩み，そして解決する。それが，より高く定着を図ることにつながるのである。

3 高校にアクティブ・ラーニングが取り入れられた理由

　大学教育を改革するための有効な手段と考えられたアクティブ・ラーニングが，なぜ高校に取り入れられるようになったのであろうか。それは，2014年11月20日まで遡る。当時の文部科学大臣（下村博文氏）から中央教育審議会に，2020年度から順次実施される学習指導要領に向けた「初等中等教育における教育課程の基準等の在り方について」の諮問がなされ，その中に次の文がある。

> 　ある事柄に関する知識の伝達だけに偏らず，学ぶことと社会とのつながりをより意識した教育を行い，子供たちがそうした教育のプロセスを通じて，基礎的な知識・技能を習得するとともに，実社会や実生活の中でそれらを活用しながら，自ら課題を発見し，その解決に向けて主体的・協働的に探究し，学びの成果等を表現し，更に実践に生かしていけるようにすることが重要であるという視点です。
> 　そのために必要な力を子供たちに育むためには，「何を教えるか」という知識の質や量の改善はもちろんのこと，「どのように学ぶか」という，学びの質や深まりを重視することが必要であり，課題の発見と解決に向けて主体的・協働的に学ぶ学習（いわゆる「アクティブ・ラーニング」）や，そのための指導の方法等を充実させていく必要があります。こうした学習・指導方法は，知識・技能を定着させる上でも，また，子供たちの学習意欲を高める上でも効果的であることが，これまでの実践の成果から指摘されています。

　これから，中央教育審議会では，高校等の学習の中でも，アクティブ・ラーニングをどのように取り入れていくかなどについて話し合いが始まる。そして，2016年12月21日に「幼稚園，小学校，中学校，高等学校及び特別支援学校の学習指導要領等の改善及び必要な方策等について」の答申が行われた。その中の「主体的・対話的で深い学び」の実現（「アクティブ・ラーニング」の視点）に，次の文がある。

> ○ （前略）形式的に対話型を取り入れた授業や特定の指導の型を目指した技術の改善にとどまるものではなく，子供たちそれぞれの興味と関心を基に，一人一人の個性に応じた多様で質の高い学びを引き出すことを意図するものであり，さらに，それらを通してどのような資質・能力を育むかという観点から，学習の在り方そのものの問い直しを目指すものである。

また，

> ○ 次期学習指導要領が目指すのは，学習の内容と方法の両方を重視し，子供たちの学びの過程を質的に高めていくことである。単元や題材のまとまりの中で，子供たちが「何ができるようになるか」を明確にしながら，「何を学ぶか」という学習内容と，「どのように学ぶか」という学びの過程を，（略）「カリキュラム・マネジメント」を通じて組み立てていくことが重要になる。

から，到達目標を明確にしながら，学習すべき内容の定着を図るために，従来通りの知識偏重の一方的知識注入方法ではなく，生徒自身に主体的に課題解決させるために考えさせ，学びの質や深まりを求めながら，指導方法の改善をしていくことが求められているのである。

やってはいけない授業の一例

普段授業を見ていて，気にかかることがある。それらを以下に示す。

① 教師が授業を日本語で進めておきながら，生徒には英語の使用を強いる。これは，生徒の頭の中は日本語モードになっているのに，すぐに英語を使用させるのでは酷である。生徒に英語を使わせるのであれば，教師も英語を使い，生徒の頭の中を英語モードにしておくことが必要である。

② 教科書にあるダイアログを取り扱う場合，ペアで練習をして発表させている場合が多いが，ダイアログそのままを発表させるほど陳腐なものはない。例えば，以下のスキットを例に取る。

Clerk : May I help you?
Mai　 : Well, I'm looking for some Japanese *Manga* in English?
Clerk : We have a lot of those over there. Please follow me.
Mai　 : Wow, you really do! Do you have Astro Boy?
Clerk : Pardon me?

　上記のようなダイアログを発表してどこが楽しいのだろう。しかも，ここには，思考や判断は伴っていない。これを利用するのであれば，「場所は本屋，買いたい本を交渉すること」などの条件下で自由に交渉させ，思考させる場面をつくって発表させるべきである。

③ 生徒の関心や興味にそぐわない教科書の題材を一方的に教え込んでいる場合が多い。これは生徒にとっては辛く耐えられないものである。教科書は全ての生徒が興味や関心を持つ題材にはなっていない。教科書を教えるあまり，生徒の興味関心は度外視される。それでは，内容を生徒に理解されることは難しい。そこで，生徒の興味関心が低い教科書の題材は取り扱わないこととする勇気を持つべきである。

4 英語におけるアクティブ・ラーニングの考え方

　答申の中で，外国語の学習・指導の改善充実や教育環境の充実等に，アクティブ・ラーニングの視点に立った内容が3点記載されている。まず1点目「主体的な学び」の視点として，

- 「主体的な学び」の過程では，外国語を学ぶことに興味や関心を持ち，どのように社会や世界と関わり，学んだことを生涯にわたって生かそうとするかについて，見通しを持って粘り強く取り組むとともに，自分の意見や考えを発信したり評価したりするために，自らの学習のまとめを振り返り，次の学習につなげることが重要である。このため，コミュニケーションを行う目的・場面・状況等を明確に設定し，学習の見通しを立てたり振り返ったりする場面を設けるとともに，発達の段階に応じて，身の回りのことから社会や世界との関わりを重視した題材を設定することなどが考えられる。

次に2点目の「対話的な学び」の視点として，

- 「対話的な学び」の過程においては，他者を尊重した対話的な学びの中で，社会や世界との関わりを通じて情報や考えなどを伝え合う言語活動の改善・充実を図ることが重要である。このため，言語の果たす役割として他者とのコミュニケーション（対話や議論等）の基盤を形成する観点を資質・能力全体を貫く軸として重視しつつ，コミュニケーションを行う目的・場面・状況に応じて，他者を尊重しながら対話が図られるような言語活動を行う学習場面を計画的に設けることなどが考えられる。

最後に，3点目の「深い学び」の視点として，

- 「深い学び」の過程については，言語の働きや役割に関する理解，外国語の音声，語彙・表現，文法の知識や，それらの知識を五つの領域において実際のコミュニケーションで運用する力を習得し，実際に活用して，情報や自分の考えなどを話したり書いたりする中で，外国語教育における「見方・考え方」を働かせて思考・判断・表現し，学習内容を深く理解し，学習への動機付け等がされる「深い学び」につながり，資質・能力の三つの柱に示す力が総合的に活用・発揮されるようにする。このため，授業において，コミュニケーションを行う目的・場面・状況等に応じた言語活動を効果的に設計するこ

とが重要である。

以上の3点を授業の視点として，授業を組み立てていくことが必要になる。

「主体的な学び」の一考

「主体的な学び」とは，よく言われる「自立した学習者」の学びに似ている。簡単にまとめると，自分から進んで勉強に向かわせるということである。そして，そのような生徒を生み出そうということでもある。自らが積極的に課題を見つけ出し，自ら努力しながらその課題を解決していこうと前向きに取り組む姿勢を育てるということである。しかし，このような生徒は世の中にたくさんいるのだろうか。否である。多くの生徒は，今までの日本の教育文化から，受け身の生徒が多く，指示待ち人間が大勢を占める。その生徒に，いかにやる気を起こさせ，自ら率先して学ぶ姿勢にするのか。これだけでも途方もない努力と環境づくりが必要である。そこで，「答申」には，教師がコミュニケーションを行う目的・場面・状況等を設定してあげたり，学習の見通しを立てたり振り返ったりする場面を設定してあげたりと，お膳立てをするように書かれている。相当に周到な用意が必要である。

「対話的な学び」の一考

「対話的な学び」とは，例えば，クラス内の生徒の考え方や意見を聞くことで，自分にはない思考回路や考えを知り，自分の考えと調整したり，解決策を導き出したりするなど，相手から学ぶ点は無数に考えられる。それを討論の中で調整したり，英語を通して理解したりするなど，他者を自分の先生として学び合うということである。

この場合，教師は，生徒がコミュニケーションを図るための場面を工夫し計画的に設定することが必要である。また，このコミュニケーションを取らせる場合のメンバーの組み合わせなども（学力差，積極性，リーダー性なども加味しながら）緻密に考えることが必要である。また，ペアワーク，グループワーク等の効率も常に念頭に置くことと，高校入学時から，ペアやグループ活動の方法を躾として身に付けさせることが重要である。

「深い学び」の一考

「深い学び」とは，基礎基本を活用して，さまざまな学びの可能性を追究することである。例えば簡単な例ではあるが，日本人はJapanese，中国人はChinese，韓国人はKorean，モンゴル人はMongolianと言うが，「なぜ人を意味する語が，〜eseと〜anとに分かれているのだろう」「人を表す語で，他に〜eseにはどんなものがあるのだろう」と自ら疑問に思い，辞書を調べたりコンピュータを駆使したり，時には教師に質問したりしながら，自ら解決していくことが，「深い学び」となるのである。

5 アクティブ・ラーニングの落とし穴

　ここまで，アクティブ・ラーニングの考え方や手法について述べてきた。しかし，これらも「言うは易く行うは難し」である。「それは理想論だろう」との声も聞こえてくる。確かにその側面はある。基礎基本の定着も図らずに，活動や話し合いばかりを設定し実施している学校も目にする。アクティブ・ラーニングばやりだからといって，発表ばかりを組んでも，中身の充実が図られていないのでは，何の力も身に付かない。それどころか，基礎基本を疎かにしたことのツケは，生徒たちにリスクとしてのしかかる。校種が上がるごとに，先生や友だちから，「そんなことも知らないの？」とやられる。生徒にとっては踏んだり蹴ったりである。つまり，アクティブ・ラーニングは基礎基本をしっかりと身に付けた上で，成り立つものと考えても良いであろう。その基礎基本を活用しながら，汎用性のある力を身に付けていくのである。また，アクティブ・ラーニング＝グループ活動と思われている先生方も多い。グループ活動で討論や発表をすることに満足している向きもある。しかし，生徒たちをしっかりと観察してみると，このグループ活動が全く機能していないことが分かる。先に述べたように，アクティブ・ラーニングは大学の授業改善が目的であった。つまり，精神的にも大人となった学生に対して，グループ活動は意義あるものになるが，まだまだ知的に大人に成りきれていない高校生たちにとっては，グループでの討論や発表をさせることだけでは，学力の格差が改善されずに明確に表れる。例えば，参加できる生徒と参加できない生徒，理解できる生徒と理解できない生徒，話す生徒と話さない生徒，発表を好む生徒と発表を拒む生徒，などなど枚挙に暇がない。学力の高い生徒が1人でグループを仕切り，1人でまとめ，1人で発表する。それを教師がほめ称える。その他の生徒はまるでお客様。これでは，学びは1人の生徒のために設定されたもののようである。これでは，グループ活動の意味がない。

　そこで，アクティブ・ラーニングを絵に描いた餅にしないためには，授業の効果を考えながら授業を設計し，生徒一人一人をイメージしながらシミュレーションしてみることである。また，アクティブ・ラーニングの授業で得られた能力をどのような評価方法で見取るのかも課題となる。知識を問うようなペーパー試験だけでは無理があり，当然，パフォーマンステスト（エッセイ・ライティング，プレゼンテーション，スピーチ，ディベート，インタビュー，ディスカッション等）も考えなければならない。

　では，実際にこれからの授業において，アクティブ・ラーニングの考えをどのように取り込んでいけばよいのであろうか。具体的に考えていくとともに，それをどのように改良して，自身の生徒に合った指導方法にしていくのか，考えていただければと思う。

6 高校英語における アクティブ・ラーニングの位置づけ

　今まで述べてきたように，高校の英語にアクティブ・ラーニングを取り入れて授業改善を図るには，明確な視点が必要になる。その視点は3点である。

❶生徒中心の主体的な学び

　これからの授業は，教師主導型ではなく，生徒主導型に転換するべきであると主張してきた。生徒たちが自ら課題に気付き，流れや見通しを考えながら，根気よく物事に取り組み，何度も振り返りながら，到達地点まで辿り着くような学びが授業の中に仕込まれているかどうかである。授業において，教師が一方的に英語の単語や文法を説明したり，さまざまな活動を仕切ったりしているのでは，全くアクティブ・ラーニングの体をなさない。常に生徒目線に立って，生徒が主体的に活躍する場を与えるべきである。思考する場面，判断する場面，表現する場面を戦略的に組み合わせるのである。従来は教師が行っていた役割を生徒に振り分けたり，「何ができるようになるのか」「どのように学びたいのか」などを常に生徒に投げかけたりしながら，主体的に授業に参加させることで，多くのことに気付かせ，さまざまな体験をさせることができる。これが，思考力や自己管理力，そしてリーダーシップにもつながる。

❷他者との対話的な学び

　英語では，生徒同士の対話（コミュニケーション）の中で，他の生徒との関係や協働を通して，自分の考えや思いを相手に正しく伝えることが学びの過程で重要なポイントとなる。しかし，対話を行うペアやグループでの活動は成否が紙一重である。ペアですることでマンネリになったり，グループですることで効果が上がらなかったりすることもある。そこで，全ての生徒が積極的に参加し，効果も上がる活動を工夫したい。そのためには，授業づくり，仲間づくり（特に入学したての段階）が基本となってくる。ペアでも，嫌いな者同士では当然コミュニケーションなど成り立たない。馴れ合いのメンバーでのグループ活動はお遊びに早変わりする。常にアンテナを高く張り，生徒同士の関係をキャッチしながらメンバーを作為的に決めていく（ただし，生徒には自然に見えるように振る舞う）。そして，全ての生徒たちがコミュニケーションの場面に参加できるようなタスクを与えることが必要である。これが，思いやる心や変化対応力，コミュニケーション能力にもつながる。

❸学習過程での深い学び

　アクティブ・ラーニングの導入は，汎用的能力の育成を図ることを目標としている。高校の英語においては，この汎用的能力を養うために，英語の語彙や文法，表現を習得したり，活用したり，さらに一歩進んだ高度な内容を探究したりするなど，学びの過程で，生徒が自ら気付いたり，課題を見つけて解決に導くなど，表層的な学びではなく，より進んだ深い学びの過程を辿っているかどうかが問題である。特にコミュニケーション能力の向上にその手法が利用されているかどうかである。誰とでも積極的に話ができ，人前でも堂々と発表できること。そして，常に相手をおもんぱかって話すことができれば，生涯に渡っての生きる力となる。そのための過程として，生徒たちがコミュニケーションを図る場面を数多く設定し，徐々に向上させるプロセスができていることである。暗記した表現をピーチクパーチク言わせるのではなく，自分の考えや思いを言葉にのせて発信させる仕組みを構築することである。これが，思いやる心やプレゼンテーション能力，自己実現力，そして分析力にもつながる。

主体的・対話的で深い学びの授業例

　例えば，高校入学後，次の内容で授業を行うこととする。
　「高校生活に何を期待するのか」をテーマに原稿をまとめ，スピーチ発表を行う。流れは以下の通りである。
　①各自，テーマに沿って，5文以上の英文をノートにまとまる。
　②出来上がったら，隣（ペア）の生徒とノートを交換し，相手の英文を校正する。
　③ノートを相手に返し，校正された英文を自分自身が書いた英文と見比べて，どちらが良いか判断する。（相手が直した英文が正しいとは限らない）
　④ペアで話し合いながら，それぞれより良い英文に改める。
　⑤4人グループを作り，1人ずつスピーチを行う。
　⑥グループの中で，最も良かったスピーチを選ぶ。
　⑦選んだスピーチのクオリティーを上げるために，4人で話し合いながら内容・表現をさらに吟味する。
　⑧クラスで，各グループから選ばれたスピーチを発表する。
　⑨クラス全体で話し合い，最も優れたスピーチを理由とともに選ぶ。
　以上の流れで1時間を終える。
　これらから，さまざまな仕掛けで，ペアやグループ活動を通して気付きや発見があり，思考力や判断力の向上も図れる活動に組み立てていくことができる。

7 アクティブ・ラーニングを位置づけた高校英語の授業

　現在，高校における英語の授業で，アクティブ・ラーニングの手法を取っていると考えられるのはまだ一部であろう。平成25年の現行学習指導要領の実施時点では，アクティブ・ラーニングの用語が今ほどは周知されておらず，全国津々浦々の授業を拝見すると，かつての中・高校の英語の授業のように，担任の先生が生徒の前で文法事項を解説したり，英文の意味を説明したり，ネイティブ・スピーカーの英語を訳したりと，まさに生徒にとっては受け身の授業となっている場合が少なからず見受けられた。その結果，日本の中・高校の生徒の英語能力は向上していないことが，文部科学省の調査からも明白に証明されている。しかし，これらは，単純に先生方だけを責める訳にはいかない。生徒一人一人を想って，高校入試や大学入試を突破させようとする先生方のひた向きな指導の在り方なのである。つまり，国として抜本的な入試改革もせずに，指導方法ばかりを変えろというのは，あまりにも理想と現実の狭間で教師や生徒をさらに苦しめることにもなっていた。そんな折，国も入試改革に重い腰を上げ始めた。2019年度を最後にセンター試験を廃止し，2020年度から大学入学希望者学力評価テスト（仮称）を実施することになった。これにより，脱ペーパー試験（知識・技能中心）から，知識を活用する力や主体的に学ぶ力を含めた「確かな学力」を多面的・総合的に評価していくことになっている。つまり，国として評価観自体を変えたといっても過言ではない。したがって，このような能力を身に付けさせるためには，アクティブ・ラーニングの手法（主体的・対話的で深い学び）を用いることが不可欠なのである。教師にとってはコペルニクス的大転回にはなるが，生徒のために今まさに授業を大きく変える時期が目の前に迫っているのである。

　では，具体的に50分の授業を想定して，アクティブ・ラーニングを取り入れた授業として考えられる挨拶・復習・導入・展開はどのようなものなのか，順に考えていく。

❶挨拶時にアクティブ・ラーニングを取り入れる

　授業開始時の挨拶では，教師が"Good morning. How are you?"などとお茶を濁してから本題に入る場合が多い。これはもったいない感がする。せっかくの授業開始時であり，まだ，朝から英語を口にしていない生徒たちに対してである。授業の中で英語を抵抗なく使わせるためにも，ここでは生徒たちに英語を使わせたいものである。例えば，ペアで会話をさせる。

> 生徒A：What did you do after your tennis club?
> 生徒B：I went to a bookstore. I bought a novel.
> 生徒A：What's the title of the novel?
> 生徒B：It's 'Hibana.'

など，身近な話題や日常の出来事について，2，3人で会話をさせ，その会話をできるだけ長く続けられるように時間を指定する。年度当初は30秒程度から始め，1年後には5分程度まで会話を続けられるように仕組むことで，談話能力も向上することになる。

❷復習時にアクティブ・ラーニングを取り入れる

前時に扱った内容について，復習する方法はさまざまなことが考えられる。

(1)教科書本文の内容について確認する場合

生徒全員に教科書本文の内容について英文の質問（2，3問程度）を作らせ，その後に，ペアで質問を出し合わせ，質問に正しく答えられているかどうかを確認させる。これは，「読むこと：教科書を読む」「書くこと：内容に関する質問を作る」「話すこと（やり取り）：相手に質問や答えを正確に伝える」「聞くこと：相手の質問や答えを正確に聞く」と4つの技能を統合的に活用していることになる。

(2)文法事項について確認する場合

前時に学習した文法事項を用いて，生徒それぞれが自由英作文を作り，グループで発表し合い，出来不出来を判断させ合ったり，訂正し合ったりさせる。これにより，一度は文法事項を記憶したつもりでいても，実は定着が図られていなかったり，誤解があったりしたことに気付くことで，知識を定着させるとともに活用の段階につなげることができる。

❸導入時のアクティブ・ラーニングを取り入れる

(1)語彙の確認

教科書本文に出てくる新出単語の意味を自宅学習等で調べさせている教師は多い。そして，授業で意味を確認する際には，生徒に日本語で答えさせている場合がある。しかし，これはあまり意味のあることではない。生徒の状況にもよるが，英英辞典を活用して，生徒に単語の意味を簡単な英語の言い回しで言わせたり，反対に，教師側が英語で説明を言い，それに当たる

単語はどの語かを考えさせたりするなど，英語は英語で考える状況を生み出したいものである。

(2)文法の導入

オーラル・アプローチで文法事項を理解させている教師も多いが，文法事項の理解は参考書や日本語での説明の方が手っ取り早いと考える向きも多い。問題は知識をどう定着させるか，どのように活用させて体得させるかである。そのためには，文法事項をいかに活用して，いかに慣れ親しませるかである。

ここで関係副詞を例に取って考える。通常，日本語で関係副詞の役割や使い方を黒板に図式化し，それを利用して口頭で説明したりする。しかし，初めから知識を一方的に教えるのではなく，教師側が関係副詞の文を何種類か口頭で聞かせ，where や when の役割や使い方について生徒に気付かせることが大切である。アクティブ・ラーニング的には，課題を見つけさせ，思考させることが定着や活用につながるのである。そして，関係副詞について自分なりに気付き，理解できた時点で，ペアやグループで関係副詞を用いたスキットや英文などを作成させて発表させる。それらをお互いに聞くことで，さらに確かなものとすることができる。

❹展開時にアクティブ・ラーニングを取り入れる

展開では，新出単語や文法事項，表現などをある程度理解させた上で，これらを活用した言語活動を行わせているが，学校によっては，全く思考のないただの音読練習，訳読，パターン・プラクティスなどになっている場合が多い。本来，ここでは知的で深い学びにつなげなければならない。しかも，楽しく達成感も感じられ，無理なく定着を図れるようなアクティブ・ラーニングの手法を取り入れていくことが重要である。常に主役は生徒であり，思考を伴う活動になっていることが条件である。

(1)音読練習

教科書本文の音読練習では，多くの場合，生徒は教師のモデル・リーディングを聞き，コーラス・リーディングを経て個人で音読練習をし，その後に，教師に指名された生徒が全体の前でモデルとして読むのが一般的なパターンである。しかし，これで本当に音読が上達するのであろうか。私の経験では，それは非常に期待外れなものになっている。モデル・リーディングもコーラス・リーディングも聞き流している生徒が多く，実際に読ませてみると，ほとんど読めていない場合が多い。この経験は私ばかりではないだろう。では，実際にどのように読ませるのか。

・音読は，教師やネイティブ・スピーカー（モデル）の発音，スピード，リズム等を完全に真似るように意識して聞き，それを再現するように努力させる。

- ペアで読み聞かせをさせる。一方的に読むのではなく，相手意識を持って，相手に分かってもらえるように，はっきりしっかりと読んで聞かせることを意識して読ませる。
- ペアの相手の読みを聞く場合には，聞き取れなかったところや，間違っていた発音などを指摘させる。これらを通して，音読を上達させ，自信を持たせる。

(2) ペア活動とグループ活動

　ペア活動でもグループ活動でも，生徒一人一人が活躍する場を構築しなければならない。ペア活動では，男女のペアでの活動が好ましく，学校の状況によっては，特に同性同士のペアができると緊張感が薄れ，積極的に活動を行わないペアも現れるので配慮したい。また，活動ごとにパートナーを変えられるように，速やかな座席移動の習慣も身に付けさせておきたい。また，グループ活動では，高校入学当初からグループ活動の仕方，役割分担について理解させなければならない。特に，ハシリテーター（司会）的な役割の重要性を理解させ，誰でも役割をこなせるように体験させていくことも大切である。また，誰でもが参加できるように，役割を振り分けるように考えることも必要である。例え，さまざまな課題のある生徒がグループの発表者となっても，みんなで支える状況を作り出せるような授業づくりを考えたい。

　高校生でもディスカッションやディベートに慣れていない生徒は多い。それを中学校の責任とは考えず，一から躾をする楽しさを感じながら指導し，英語という壁に阻まれ，うまく躾けられない場合も考えられるが，その場合には，初めは日本語で考えさせ，その後に，英語を加えていく作業を行わせることである。もちろん，その際，仲間や担任，ネイティブ・スピーカーの力を借りることに何の問題もない。いかに考えてつくり上げていくかというプロセスを踏ませることである。

(3) 発表

　さまざまな発表の場面をつくり上げるには，当然，生徒が考えてつくり上げる（production）プロセスを踏むことになる。それらは，個別に行う発表なのか（例えば，プレゼンテーション，スピーチ，ショウ・アンド・テル等），ペアで行う発表なのか（例えば，スキット等），グループで行う発表なのか（例えば，ディスカッション，ディベート，英語劇等）である。そこに，アクティブ・ラーニングの手法を取り入れると以下のような点が考えられる。

- スピーチでは，1人で考え，原稿を書き，クラスの生徒の前で発表することになる。そこで，発表までの流れの中に，ペアでの模擬発表（発表練習）を入れ，相手からの評価や意見を聞き，より精度を上げていくことである。また，相手の発表を見て意見を言うことは，自身の発表のブラッシュ・アップにもつながる。
- ディスカッションやディベートでは，他の生徒のさまざまな意見を聞き，メモを取り，自分の考えや意見を瞬時に固めて発表しなければならない。しかし，これは一朝一夕にでき

ることではない。そのための訓練鍛錬を入学当初から3年間のカリキュラム・マネジメントとして構築していかなければならない。1年次には，簡単な話題についてペアで意見をたたかわせたり，2年次には，グループで1つの話題について話し合わせたりするなど，着実に最終目的に向かわせるように仕組む必要がある。その際，常に，生徒自らが課題に気付くような仕掛けを作っていくことも必要である。

　つまり，これらの流れから分かるように，生徒の英語能力を向上させるには，しっかりとした計画と指導，そして随時の評価が不可欠であるということである。

高校で求められる資質・能力とは

　アクティブ・ラーニングを位置づけた授業を通して，高校ではどのような資質・能力を向上させることが求められるのであろうか。

　次期学習指導要領では，三つの観点で評価することになっている。つまり，「知識・技能」「思考・判断・表現」「主体的に学習に取り組む態度」である。これらを求められる資質・能力に当てはめると，例えば英語コミュニケーションⅠでは以下のようになる。

［知識・技能］
・外国語の音声や語彙，表現，文法，言語の働きなどを理解するとともに，これらの知識を，聞くこと，読むこと，話すこと，書くことによる実際のコミュニケーションにおいて活用できる技能を身に付けるようにする。

［思考・判断・表現］
・コミュニケーションを行う目的，場面，状況などに応じて，社会や世界に関わる幅広い話題や課題について，外国語で情報や考えなどの概要や詳細，意図を的確に理解したり，それらを活用して適切に表現し伝え合ったりすることができる力を養う。

［主体的に学習に取り組む態度］
・外国語の背景にある文化に対する理解を深め，聞き手，読み手，話し手，書き手に配慮しながら，主体的に外国語を用いてコミュニケーションを図ろうとするとともに，自律的に学習する態度を養う。

　以上から，これらを念頭に置きながら授業づくりを行うことが求められるのである。

8 本書における アクティブ・ラーニングのとらえ

　本書では高校における英語において，学習場面として，「語彙・文法」・「音読・内容」・「教科書本文」を想定して，それぞれの場面におけるアクティブ・ラーニングの在り方を具体的な事例を挙げて提案している。また，領域・技能面では「聞くこと」「読むこと」「話すこと（やり取り）」「話すこと（発表）」「書くこと」の5つの領域と「複数技能統合」を合わせた6つで，アクティブ・ラーニングの在り方を提示している。そして，それらを次の表のようにまとめていくこととする。

	学習場面			領域・技能					
	語彙・文法	音読・内容	教科書本文	聞くこと	読むこと	話すこと（やり取り）	話すこと（発表）	書くこと	複数技能統合
主体的な学び									
対話的な学び									
深い学び									

　第2章では，それぞれの授業事例において「特に重視している視点」には「◎」，「重視している視点」には「〇」を表の中に示すことで，それぞれの特徴を明らかにしていく。
　これらの表を念頭に置いて，授業の学習指導案から，生徒にどのような指導をし，どのように能力を向上させていこうと考えるのかご理解いただき，授業改善のヒントとなることを期待する。

（菅　　正隆）

第2章

アクティブ・ラーニングを位置づけた高校英語の授業プラン

1年　Let's See the world—世界を見にでかけよう—

基礎編
リーディングを中心にした授業

	学習場面			領域・技能					
	語彙・文法	音読・内容	教科書本文	聞くこと	読むこと	話すこと（やり取り）	話すこと（発表）	書くこと	複数技能統合
主体的な学び			○	○					
対話的な学び		○			◎				
深い学び									

1 授業のねらい

　高校における英語の授業に慣れるとともに，新出単語の発音や意味に注意しながら，英文を聞き取ったり，モデルを参考に音読したりしてみる。

　中学校で授業の多くが日本語で進められていた場合，高校の授業が英語で進められることに戸惑いを隠せない生徒もいるであろう。中学校と高校では，授業が大きく異なるイメージを植え付けることが大切である。

　また，英語の基礎基本は「聞くこと」にあることを意識させたい。聞き取れないものは，話せないのが通例である。したがって，教科書本文や教師の話す英語を，分かろうとしながら聞くことで，徐々に分かる量が増え，卒業時には，英語に対する抵抗感も，聞くことにも違和感を感じなくなることを伝え，積極的に聞く姿勢を誘発したい。

2 授業の題材・教材

　本単元は，海外旅行をテーマに，世界の誰でもが一度は行ってみたいと思う絶景，日本人の旅行者は海外でどのように見られているか，そして，海外旅行を楽しむために最も大切なことは何かについて論じている。この単元を通して，言葉の大切さ，日本人のマナーの良さ，海外旅行の勧めなどを理解させるとともに，英語の必要性についても言及する。本時は，日本人の旅行者が海外でどのように見られているかについて理解させる。

3 本時の技能別目標

- 教科書を見ずに本文の英文を聞いて,知っている単語や内容を理解できるようにする。(聞)
- モデル・リーディングを真似て音読し,相手に分かるように読むことができる。(読)

4 具体的な評価規準

知識・技能	思考・判断・表現	主体的に学習に取り組む態度
・中学校で既習の文構造 S+V+O+O や S+V+O+C を確認するとともに,それらをコミュニケーションの場面で使う技能を身に付けている。	・相手を意識し,相手の理解度を確認しながら,相手に伝わるように英文を読んでいる。	・新出単語を確認しながら,読まれる英文を理解しようとしている。

5 単元計画(全6時間)

時	ねらい	指導内容のポイント,文法等	評価規準
1	高校英語に慣れる。	授業の進め方を理解させる。	高校の英語の授業は,中学校と大きく異なることを知る。
2	音読や聞き取りの仕方に慣れる。	音読,聞き取り,基本的な文構造(S+V, S+V+C, S+V+O)	話されている英語について,積極的に聞き取ろうとしている。
3	音読や聞き取りの仕方に慣れる。【本時】	音読,聞き取り,基本的な文構造(S+V+O+O, S+V+O+C)	積極的に英語を聞き,真似て発音したり,読んだりしている。
4	音読や聞き取りの仕方に慣れる。	音読,聞き取り,内容把握,to不定詞(名詞的用法,形容詞的用法,副詞的用法)	本文を読みながら,内容を確認している。
5	書かれている内容を理解する。	音読,内容把握,Q&A	英文の日本語訳のみならず,些細なことも理解している。
6	単元で学んだ内容を確認する。	単元で学んだ内容を,自分の英語でまとめさせる。	ノートに,単元を通した内容について,まとめを書いている。

6 使用教科書 (NEW ONE WORLD Communication I ［教育出版］Lesson 1)

Part 2

日本からの旅行者は，海外でどのように見られているのでしょうか。

The table below on the left shows a ranking of "tourists with good reputations." Hotel managers in many countries votes on it. In the ranking, Japanese are first, British are second, and Canadians are third. Their behavior gave them a good reputation. Most of the hotel managers find Japanese polite, tidy, and not noisy. But in another ranking about tourists, Japanese people are in the bottom three. We may have a lot of difficulties with the language when we go abroad.

① 「世界最良の旅行者」総合ランキング

1	日本人	71ポイント
2	イギリス人	52ポイント
3	カナダ人	51ポイント
4	ドイツ人	50ポイント
5	スイス人	48ポイント

② 滞在地の言語を話そうとしない旅行者

1	フランス人
2	日本人
3	イタリア人

①及び②とも，出典）エクスペディア・ベスト・ツーリスト　2009

〈Comprehension〉

1. Where are British in the ranking of "tourists with good reputations"?
2. In another ranking about tourists, where are Japanese people?

〈文法〉

中学校の復習：基本的な文構造（S+V+O+O，S+V+O+C）

a. Their behavior gave them a good reputation.
b. The hotel managers find Japanese polite.

◆S+V+O+O：目的語（O）が２つあり，「（人）に（もの）を～する」などの意味を表します。

◆S+V+O+C：目的語（O）の性質を補語（C）が説明しており，O＝Cの関係が成立します。

7 授業のために事前に準備しておくもの

・**教科書の内容に関して，指導書（マニュアル）やネットから事前に情報を仕入れておく**

今回の場合は，データの詳細を事前に入手し，生徒に具体的な説明を行いたい。

表①のデータの理由を，単に英文 'Most of the hotel managers find Japanese polite, tidy, and not noisy.' から読み取らせるだけではなく，出典元のデータから，日本人が選ばれた理由として，「行儀の良さ（その国のマナーや一般的なエチケットを守ること）」「礼儀正しい」「ホテルの部屋をきれいに使う」「騒がしくない」「不平が少ない」の項目において１位に選ばれていることを知っておく。しかし，他の項目では，「旅先での気前の良さ」が５位，「チップの気前の良さ」が５位，「ベストドレス（おしゃれ）」が４位となっている。これらを生徒に伝えることで，日本人はどのような国民性を持っているのかなどを話し合わせても面白い。

一方，「現地の言葉を話す」においては，ワースト２位にあげられていて，旅先で苦労していることがうかがえる。そのためにも英語を学んでいることを強調したい。

・**新出単語のパワーポイントを作成する**

・新出単語の発音練習のために，パワーポイントまたはフラッシュ・カードを作成する。
・１枚には英単語や日本語訳のみを入れ，他の情報は入れないようにする。
・文字は大きく，無意識に目に入るようにする。

パワーポイント及びフラッシュ・カードは以下の通りに組み立てる。

(1)英単語の次に日本語訳があるパターン（パワーポイント）

| ① ranking | ② 順位，序列 | ③ tourist(s) | ④ 観光客，旅行者 |

(2)英単語のみで，日本語訳は口頭で行うパターン（パワーポイント）

| ① ranking | ② tourist(s) | ③ reputation(s) | ④ manager(s) |

(3)カードの表面には英単語，裏面には日本語訳を書き入れるパターン（フラッシュ・カード）

| 表 ranking | 裏 順位，序列 | 表 tourist(s) | 裏 観光客，旅行者 |

ここでのポイントは，日本語訳を与える場合には，１つの訳だけではなく，複数の訳を与えて，汎用性を育てることである。

8 本時の学習指導案（50分）

時間	生徒の学習活動	教師の指導・支援
挨拶：2分	・挨拶をする。	・挨拶をする。
復習：5分 （❶）	・教師の質問に答える。 A：I want to go to Paris. I want to see the Eiffel Tower. ・ペアでそれぞれ前時に学習した教科書の内容に関する質問を2問作り，質問し合う。 （例）Which do you want to go to Italy or Finland?	・前時の内容に関する質問を全体にする。 Q：Where do you want to go in the world? ・ペアで前時に学習した教科書のページを使って，質問を2問作り，質問し合わせる。
導入①：7分	・ペアで教師の例を参考に，お互い自己紹介をする。 Hello. I'll give you some information about me .... ・モデルの生徒の自己紹介を聞く。	・SVOO及びSVOCの例文を提示する。 I'll give you some information about me. My name is Maiko, but most people call me Mai. I like .... ・自己紹介の中で，意識的にSVOOまたはSVOCの構文を利用するように伝える。 ・数組のペアに実演させる。その後，ランダムに選んだ2人に即興で自己紹介をさせる。
導入②：8分 （❷）	・新出単語を，教師の発音に合わせて練習する。 ・新出単語のキーワードゲームを行う。	・新出単語をパワーポイントまたはフラッシュ・カードで提示し，発音させる。 ・小中学校で行ってきたキーワードゲームを4人一組のグループで行わせる。
展開①：7分	・教科書を閉じ，教師の読む英文を聞き，何が言われているのか推測する。単語や表現が分かる場合には，話題や概要を把握する。 ・推測できたところ，概要を把握できたところを発表する。 ・内容を確認する。	・生徒の教科書を閉じさせ，本文を2回程度読み，知っている単語をもとに，内容を推測させる。 ・生徒から，本文の内容について推測できたところ，概要を把握できたところを聞く。 ・聞き出した内容を組み立て，本文の大まかな内容の流れを生徒とともに確認する。

展開②：10分 （❸）	・教師が読む英文を注意深く聞く。 ・教師の音読を真似て，本文の音読練習をする。 ・横の座席の相手と，ペアで順番に読み聞かせを行う。 ・ペアの相手が，優れた音読を行っていた場合，モデルとして推薦する。 ・モデルの読み聞かせを聞く。 ・縦の座席の相手とペアで，再度，読み聞かせをする。	・本文のモデル・リーディングをする。生徒に読み聞かせる。 ・生徒個々に音読練習をさせる。発音，リズム，リエゾンが分からないところは尋ねるように伝える。 ・横の座席の相手と，ペアで読み聞かせをさせる。相手を意識しながら読み聞かせるように注意を喚起する。 ・読み聞かせの中で，特に優れた音読の生徒を推薦させ，モデルとして，2人程度の生徒に読み聞かせを行わせる。 ・縦の座席の相手とペアで，再度，読み聞かせを行わせる。
展開③：10分	・教師の質問を注意して聞き，答えを導き出す。 ・教師の質問に答える。 A：世界の最良の旅行者ランキング。 A：It refers to "tourists with good reputations." ・ペアで Comprehension の質問に対し考え，答えを出す。	・本文を1文ずつ読み，生徒とインタラクションしながら，内容を把握させる。 (例) The table below on the left shows a ranking of "tourists with good reputations." Q：What data is the table below on the left in Japanese? Hotel managers in many countries voted on it. Q：What does 'it' refer to? ・内容を把握した後，Comprehension の2問を尋ね，ペアで考えて，解答を導き出させる。
挨拶：1分	・宿題の内容を聞く。 ・挨拶をする。	・宿題として，生活の中で起こったことを S+V+O+O と S+V+O+C の型で，一文ずつノートに書いてくるように指示する。 ・挨拶をする。

9 授業展開例

❶ペアで質問を出し合う

　本文の内容をより理解させるためには，日本語訳などを一方的に生徒に理解させようとするのではなく，生徒自らに課題意識を持たせた上で，内容を理解させなければならない。そのためには，教科書本文などを使って，英語で質問を作らせて，ペアの相手に質問させることが一番である。日本の子どもたち（児童・生徒）は，教師側からの一方的な質問には答えられるが，反対に，英文などを読んで，課題意識を持ちながら質問を作ることは苦手である。これは，子どもの時から，一方的に受け身の教育が施されてきた弊害である。自ら問題意識を持って，自ら英文を読むようになれば，英語力の上達も期待できる。そこで，英文を読み，WH質問やYes, No問題を作らせるのである。質問になりやすい文，なりにくい文，答えをすぐに導き出すことができる質問，かなり高度な質問など，知的な学習ともなる。ただし，英語が苦手な生徒にとっては，質問を容易に作成できる術は伝授しておくことが必要である。例えば，

- 答えがYes.またはNo.となる質問を作る。be動詞や一般動詞の疑問文を確認する。

  Most of the hotel managers find Japanese polite, tidy, and not noisy.
  → Do most of the hotel managers find Japanese polite, tidy, and not noisy?

- WH質問を簡単に作る。

  → Who find Japanese polite, tidy, and not noisy?

❷キーワードゲームで新出単語に慣れる

　以下は主に小学校で行われているゲームであるが，中学校及び高校でも，新出単語を習得するためには絶大なる効果が期待でき，授業を盛り上げるものである。

- 新出単語を教師の発音の後に続いて生徒が発音する。
- 練習を終えたら，生徒はペアやグループになり，生徒の間に消しゴムを1個置く。
- 教師は新出単語の中から1単語をキーワードの単語と決める。
- 教師は新出単語をランダムに読んでいき，生徒はキーワード以外の単語は教師の後に続き発音し，キーワードが読まれたら，生徒は発音をせずに消しゴムを取り合う。
- 消しゴムを先に取り上げた生徒の勝ち。

❸読み聞かせをする

　教科書本文を効果的に読ませるには，まず，モデル・リーディングを真似て読む練習をすること。そして，相手を意識して読み聞かせることである。自分勝手に1人で読んで練習したとしても，なかなか上達するものではない。相手に伝えられるように読ませる，相手に評価されることを意識させながら読ませることが，上達の一番の近道である。

10 授業のアイデア＋α

ポイント1　アンテナを高く上げて，さまざまな情報を得る

　単元の内容は海外へ目を向けさせることにある。そして，その中から英語学習の重要性を理解させることである。そこで，さまざまな情報を得て，生徒が興味関心を抱くように，授業の時々に情報を伝えるのである。教科書の行間をいかに埋めて，知的で楽しい授業に組み立てることができるかは，腕と工夫次第である。では，情報はいかなるところから収集すればよいのであろうか。例えば，以下のようなところが考えられる。

- 指導書（マニュアル）で収集（限られた情報しか掲載されていない）
- ネットで収集（時に間違った情報を掴まされる。情報元は信頼のおけるところにする）
- 本で収集（データが古い場合がある）
- 新聞，雑誌で収集（さまざまな情報をストックしておく）
- 自分の経験を情報源とする（写真を活用）
- 教師仲間の経験からの情報収集（〇〇先生の情報によると〜，でウケる場合あり）

　教師は指導書を読みながら授業をする時代は終わった。自らが情報源となって，さまざまな事柄を生徒に伝え，英語を通して生きる力を育てることが教師に求められているのである。

ポイント2　プリント学習より，ノートを活用させる

　私の経験から，プリント学習（プリント爆弾）を行っている生徒より，ノートを作らせ，ノートを中心に授業を進めている生徒の方が学力が高い傾向にあることが分かっている。ある県の高校では，それまでのプリント学習（1時間に2, 3枚のプリントを使用）から，ノート中心の授業に変更することによって，学力を向上させることに成功した例がある。以下の点がポイントである。

- ノートを取らせるようになってから，教師の話をメモしようと一生懸命に話を聞くようになった。（話を聞いてメモをとる作業は，学力的に高度なことである）
- ノートは自分で書いたものなので，愛着が出て，自宅での復習にもノートを最大限活用するようになった。（ペンやマーカーを利用して自分に分かりやすいようにしている）
- さまざまな情報をノート1冊にまとめることにより，見やすく分かりやすくなった。（そのために教師は授業一時間一時間が真剣勝負。どの参考書よりも内容豊富なノートにしなければならない）
- 高校生らしく，自分のキャラクターを前面に出し，ノートを宝もののように扱うようになった。（生徒は，ノートをきれいに美しく，そして，見やすいように工夫する）

　ノートの書き方などのルールは教師が規定せず，ある程度の型は示したとしても，それ以外は自由に（生徒自身が分かりやすいように）させることがポイントである。　　（菅　正隆）

1年　The Ninth Symphony in December ―「第九」交響曲と日本人―

基礎編
リスニングを中心にした授業

	学習場面			領域・技能					
	語彙・文法	音読・内容	教科書本文	聞くこと	読むこと	話すこと(やり取り)	話すこと(発表)	書くこと	複数技能統合
主体的な学び			○	◎					
対話的な学び					○				
深い学び	○							○	

1 授業のねらい

　高校の授業にも慣れた段階で，次はいかに積極的に英語を学び，その中から自ら課題を見つけ，さまざまな方法を駆使しながら，その課題を解決に導くことができるかを体験させることである。そのために，今まで以上に生徒の能力を超えた負荷をかけることが必要になってくる。このような繰り返しが，初めて目にする英文に対しても動ずることなく，習得している単語や構文を元に，推測して内容を読み取っていくことができるようになるのである。

　また，今回は単元導入の1時間目に当たることから，単元全体を俯瞰した概要を優しい英文で生徒に伝え，一部でも聞き取って理解させることを目的としている。この繰り返しが，生徒の聞こうとする態度を育てることにもつながるのである。

　文法に関しては，高校で初出の事項なので，具体的に理解させるとともに，言語活動（書くこと）を通して，思考させる場面を設定している。

2 授業の題材・教材

　本単元は，日本において，ベートーベンの「第九」が初めて演奏された場所や時期を紹介するとともに，戦争時でありながらも，日本人とドイツ人との交流を通して，人との関わり方，そして，日本人の優しさを発見させる内容となっている。また，「第九」が年末に演奏される理由についても言及している。

3 本時の技能別目標

・単元の概要を聞き取って，内容を理解できるようにする。（聞）
・関係代名詞 what を使って，自分の伝えたいことを書くことができる。（書）

4 具体的な評価規準

知識・技能	思考・判断・表現	主体的に学習に取り組む態度
・関係代名詞 what の役割，使い方を理解するとともに，what を使って，自分の伝えたいことを書いている。	・話される内容を聞いて概要を理解している。 ・読んで得た情報をグループで話し合って，次のストーリーの内容を推測している。	・読んで得た情報を積極的にグループで話し合って共有化し，自分が分からない点や課題を解決しようとしている。

5 単元計画（全6時間）

時	ねらい	指導内容のポイント，文法等	評価規準
1	概要を聞き，内容を理解する。【本時】	単元全体のイメージを持たせる。関係代名詞 what を理解させる。	聞いた概要を理解している。
2	歴史的背景を理解しながら内容を理解する。	歴史的経緯を理解させる。関係副詞 where を理解させる。	歴史的背景を理解した上で，内容を読み取っている。
3	人と人との関わりを読み解いてみる。	キーワードを見つけさせる。関係副詞 when を理解させる。	キーワードを手がかりに，書かれている内容を推測しながら理解している。
4	単元全てを読み通し，概要をまとめてみる。	概要をまとめさせる。関係副詞 why，how を理解させる。	ノートに，単元を通した内容について，まとめを書いている。
5	単元全体を詳細に読み取ってみる。	本文に関する内容の確認と行間を読み解くように導く。	自分なりに著者の意向を汲み取って，内容を理解しようとしている。
6	新出単語や文法事項を活用できるようにする。	語彙，表現，文法の再確認とそれらを使った言語活動を仕組む。	既習の語彙や表現，文法事項を使って，自分の考えを表現できている。

6 使用教科書 (NEW ONE WORLD Communication I [教育出版] Lesson 8)

Part 1

日本では「第九」が年末の風物詩になっています。

　At the end of each year, concerts are held throughout Japan to play Beethoven's Nine Symphony. These days, you can often see ordinary people participating in the concerts on stage. They sing "Ode to Joy," instead of just sitting among the audience. However, this is very Japanese. It rarely happens in other countries.

　The number of concerts performing this symphony is rather limited in Europe, since it is a very difficult piece of music to play and sing. Why has the Ninth Symphony become so popular in Japan? We can find a clue to this mystery in what happened in Naruto City, Tokushima Prefecture, during World War I.

　Beethoven's Ninth Symphony　　ベートーベン作曲交響曲第9番
　Ode to Joy　　歓喜の歌（交響曲第9番の第4楽章内にある合唱部分）
　instead of ～　　～のかわり
　Naruto City　　鳴門市（徳島県北東部にある市）
　World War I = World War One　　第一次世界大戦

〈Comprehension〉

1. When is Beethoven's Ninth Symphony played most often in Japan?
2. Why isn't the Ninth Symphony played so often in Europe?

〈文法〉

高校初出，関係代名詞 what

　a. We can find a clue to this mystery in what happened in Naruto City.
　b. What is the most important in life is not money.
　c. Nancy is very careful about what she eats and drinks.

◆「～すること」「～するもの」などの意味を表します。(what = the thing which)

7 授業のために事前に準備しておくもの

・**授業の導入に際し，単元全体の簡単な概要を英語で話し，聞き取らせる**

　全ての内容を理解できないとしても，知っている単語や表現を駆使しながら，だいたいの内容を捉えるように積極的に聞かせる。例えば，以下のような文を提示する。その際，一方的な説明にならないように，時々Q&Aを出したり，内容についての質問をしたりして，少しでも興味を引き出すように工夫する。

　Have you ever listened to Beethoven's Ninth Symphony? Yes or no? Can you sing "Ode to Joy" from the Ninth Symphony?

　In Japan the Ninth Symphony is played at the year's end. But this is only in Japan.

　When was the Ninth Symphony played for the first time in Japan? It was played on June 1st, 1918. Where was the Ninth Symphony played for the first time in Japan? It was played in Naruto City, Tokushima Prefecture. Then, why did orchestras decide to give concerts in December? Because they wanted to earn enough money to welcome the New Year. So, at the end of each year, Beethoven's Ninth Symphony is often played in Japan.

　２回程度読んだ後に，内容を聞き取れているか確認する。生徒の状況に応じて，英語もしくは日本語で確認する。

　① When was the Ninth Symphony played for the first time in Japan?
　② Where was the Ninth Symphony played for the first time in Japan?
　③ Why did orchestras decide to give concerts in December?

・**著名な人名を英語表記で確認させる**

　大学入試問題などで著名な人名をよく目にすることがある。日本語と英語では発音が異なっていたり，表記が複雑であったりする場合が多い。この単元ではベートーベンの「第九」を扱うので，ついでに他の人名にも触れておきたい。例えば，'Bach' と板書し，誰の名前か尋ねたり，ショパンの表記をクイズ形式で尋ねたりして興味を持たせることができる。

〈音楽家〉
・Chopin（ショパン：ポーランド）
・Bach（バッハ：ドイツ）
・Mozart（モーツァルト：オーストリア）
・Schubert（シューベルト：オーストリア）
・Tchaikovsky（チャイコフスキー：ロシア）

〈画家〉
・Gogh（ゴッホ：オランダ）
・Renoir（ルノワール：フランス）
・Vermeer（フェルメール：オランダ）
・Picasso（ピカソ：スペイン）
・Monet（モネ：フランス）

8 本時の学習指導案（50分）

時間	生徒の学習活動	教師の指導・支援
挨拶：1分	・挨拶をする。	・挨拶をする。
導入①：5分	・教師の話す概要について，メモを取りながら聞く。 ・教師の質問の答えをノートに書く。 ① It was played on June 1st, 1918. ② It was played in Naruto City, Tokushima Prefecture. ③ Because they wanted to earn enough money to welcome the New Year.	・単元の概要を英語で話す。（2回：前ページ参照） ・概要についての質問を生徒に投げかける。 ① When was the Ninth Symphony played for the first time in Japan? ② Where was the Ninth Symphony played for the first time in Japan? ③ Why did orchestras decide to give concerts in December?
導入②：7分 （❶）	・ペアで黒板に書かれた英文を読みながら，whatの役割，意味について話し合う。その後に，2つのペア（4人）で，whatの役割，意味について，確認する。 ・グループで話し合った内容を発表する。 ・他のグループと比較する。	・黒板に以下の英文を列挙する。 1．That is what I want to know. 2．I know what my teacher said. 3．This CD is what I was looking for. 4．What I want for my birthday is a new bike. 5．He gave me what I needed. ・グループで話し合った内容を発表させる。 ・グループから出た意見を集約するとともに，whatの役割及び英文の意味を伝える。
導入③：7分	・新出単語を，教師の発音に合わせて練習する。 ・リズムに合わせて単語を読む。 ・教師の説明を聞き，黒板に書かれた音楽家は誰のことか，また，音楽家や画家の名前を英語で綴ってみる。	・新出単語をパワーポイントで提示し，発音させる。 ・リズムに合わせて単語を読ませる。（チャンツ） ・Beethoven以外の音楽家の英語名を黒板に書き，誰のことか答えさせたり，著名な音楽家や画家について英語で表記させたりしてみる。（前ページ参照）

展開①：8分	・ベートーベンの「第九」の英語版（CD）を聞く。 ・教科書を閉じ，教師が読む英文を注意深く聞く。1回目は教師の表情やジェスチャーを参考に内容を取っていく。 ・教師の解説を聞きながら，ノートにメモしたり，教科書にチェックを入れたりする。	・雰囲気を盛り上げるために，ベートーベンの「第九」の英語版（CD）を聞かせる。歌詞カードを配付してもよい。 ・英文のモデル・リーディングとして，生徒に読み聞かせる。1回目はゆっくりと読み，時々ジェスチャーなどを入れる。2回目は，少しスピードを上げて読む。 ・教科書を開かせ，英文を一文一文読み，以下のように簡単な英語で訳していく。 ・（本文）At the end of each year, concerts are held throughout Japan to play Beethoven's Ninth Symphony. → （要約）On November or December, Beethoven's Ninth Symphony is often played in Japan. ・（本文）These days, you can often see ordinary people participating in the concerts on stage. → （要約）It is sometimes sung by ordinary people.
展開②：7分	・ノートのメモ，教科書のチェック等を参考に，ノートに4文程度の要約を書く。 ・指名された生徒は要約を読んで聞かせる。	・全文を読んで英語で訳した後に，ノートに4文程度の要約を書かせる。 ・2人程度の生徒に要約を読んでもらう。
展開③：7分	・ペアで本文の読み聞かせをする。相手の理解度を確認しながら読む。	・ペアで本文の読み聞かせをさせる。はっきりと相手に伝わるように，注意しながら読ませる。
展開④：7分 （❷）	・黒板に提示された問題を，ノートに書いて，自分の答えを書き入れる。	・関係代名詞 what を含む問題を提示して，解答を考えて，ノートに書かせる。 ・時間内にできない場合には宿題にし，次回の授業で発表させることにする。 ・辞書，普段のペアやグループなどの助けを受けてもよいこととする。
挨拶：1分	・挨拶をする。	・挨拶をする。

9 授業展開例

❶文法指導の考え方を変える

　通常，新しい文法事項を教える場合には，教師側が一方的に文法の説明をして，生徒に理解させようと努めるが，この手法ではなかなか理解されず，しかも，定着は図れない場合が多い。そこで，生徒自らが課題と向き合い，新しい文法の特徴を推測し，発見理解させるように仕向けるのである。そのために，ここでは関係代名詞 what を含む文を提示して，その what の特徴に気付かせ，使い方などを推測させてみることである。例えば，

1. That is <u>what I want to know</u>.
2. I know <u>what my teacher said</u>.
3. This CD is <u>what I was looking for</u>.
4. <u>What I want for my birthday</u> is a new bike.
5. He gave me <u>what I needed</u>.

を提示して，what の意味として「こと」「もの」と訳し，what = the thing which であることに気付かせたい。また，1と3は what を含む文が補語として使われており，2は目的語として，4は主語として，5はSVOOの直接目的語として使われていることにも気付かせたい。このような問題解決，発見，気付きがアクティブ・ラーニングの指導にはなくてはならないものである。新しい文法事項だからといって，教師が一方的に教えるスタイルでは，理解させることはなかなかできないものであり，時代錯誤の感がする。

❷新しい文法事項を活用させるための方法の1つとして

　新しく学ぶ文法事項については，口頭練習も1つの方法ではあるが，じっくりと考え，思考して判断・表現させることが近道でもある。そこで，授業では基礎基本的なポイントを押さえた後に，以下の問題を提示することを勧めたい。

　黒板に以下の英文を書く。

1. What I want to do now is to_____.
2. What is the most important in life is_____.
3. What I would like to buy is_____.
4. This movie is what_____.
5. This is what_____.

　知識として，文法事項を理解させることは基礎基本として必要ではあるが，それを定着させるには，考えさせ，思考させる場面をいかに教師が用意するかである。そのために，文法事項が含まれた文章を読ませたり，文法事項を故意に含めた文を書かせたり，話させたりすることが大切である。

10 授業のアイデア＋α

ポイント1　いつどこで本文の音読をさせるか

　教科書本文を，授業のどのタイミングで読ませた方が効果的であるかについては諸説ある。パターンはさまざまであるが，以下の3つのパターンをよく目にする。

　①本文の内容（意味）を理解する前に読ませる。
　②本文の内容（意味）を理解した後に読ませる。
　③本文の内容（意味）を理解する前と，内容を理解した後の2回読ませる。

　授業時間が短いことから，多くが②の内容を理解した後に読ませるパターンが多いようである。しかし，③が最も効果的と考えられる。なぜならば，内容を理解する前と後では，音読の意味合いが異なるからである。

　まず，内容を理解する前に読ませるのは，音を基調に，内容よりもリズムやリエゾンなどに注意しながら，英語本来の読み方をさせるためである。そのために，モデルとなる音読（ネイティブ・スピーカーやＣＤ）を何度も聞かせ，真似るように読ませるのである。また，内容を取った後には，内容を考えながら読ませ，相手に対して読み聞かせをすることで，相手に内容が伝わるように読ませることができるのである。

ポイント2　ＩＴを活用させる

　高校生の多くはスマートフォン，コンピュータを持つ時代である。これらを授業に活用しない手はない。辞書においても，紙の辞書と電子辞書でどちらが有効かなどとディベートをしている時代ではない。便利で時間も短縮できる電子辞書が優位にたっていることは否定できない。それらを駆使して調べる楽しさ，さまざまな情報を知った時の嬉しさなどを経験させることで，英語のハードルを越えさせることも可能である。例えば，IT機器を利用して調べることなどは宿題として出す方がよい。例えば，今回のベートーベンの「第九」の"Ode to Joy"の歌詞について調べる宿題を出したとする。生徒は以下のような内容を調べて，ノートにまとめてくるであろう。

　・「歓喜の歌」の歌詞は，ドイツ人の詩人シラーによって書かれたものである。
　・「歓喜の歌」は英語で"Ode to Joy"，ドイツ語で"An die Freude"という。
　・「歓喜の歌」の日本語の歌詞は，詩人岩佐東一郎が作ったものが有名である。
　・「歓喜の歌」の歌詞は日本語（訳詞：岩佐東一郎）と英語では以下となる。

　日本語：晴れたる青空　ただよう雲よ　小鳥は歌えり　林に森に
　英語：Joyful, joyful, we adore thee, God of glory, Lord of love; Hearts unfold 　　　　like flowers before thee, Opening to the sun above.

　ITは使いようなのである。

（菅　　正隆）

| 1年 | Christian the Lion—ライオンのクリスチャン— |

発展編
リスニングを中心にした授業

	学習場面			領域・技能					
	語彙・文法	音読・内容	教科書本文	聞くこと	読むこと	話すこと(やり取り)	話すこと(発表)	書くこと	複数技能統合
主体的な学び			●	◎					
対話的な学び			●			●			
深い学び					●				

1 授業のねらい

　生徒に英語を聞かせる活動を行う場合，概要を理解させることを目的とするのか，必要な情報を聞き取らせることを目的とするのかによって活動の内容を変える必要がある。教科書本文についてオーラル・イントロダクションを行う際は，その概要を理解しているか，教師と生徒のやり取りを通して理解の度合いを確認する。その後，聞くポイントを与え，教科書本文の音声を聞かせることで，細かな内容理解を行い，その理解度を確認する，というように，目的に応じて，教科書本文を使用しながら英語を聞く能力を育成したいものである。

　細かな内容について聞いて理解させる場合，単に英語による質問を与えて聞かせるのではなく，質問の後に，まずはその答えについて生徒が類推し，教師と生徒，生徒同士の英語でのやり取りを行う活動を組み込むことで，その内容を知りたい，聞いてみたい，という生徒の意欲を高めることが重要である。

2 授業の題材・教材

　本単元は，ジョンとエースという青年と，ライオンのクリスチャンとのロンドンでの生活や，アフリカでの感動の再会など，人と動物との友情について書かれた英文である。この単元を通して，生徒が人間と動物の共生について考える内容になっている。本時では，ジョンとエースがクリスチャンをアフリカに送ることを決める内容が書かれている。

3 本時の技能別目標

・教科書を見ずに本文の英文を聞いて,必要な情報を理解することができる。(聞)
・題材について基本的な語彙や文法を使いながらやり取りすることができる。(話)
・読んだ内容について,生徒自身の言葉でその内容を話すことができる。(読)

4 具体的な評価規準

知識・技能	思考・判断・表現	主体的に学習に取り組む態度
・中学校の既習の文構造,現在完了や受動態,分詞の限定用法の意味や形式について理解するとともに,それらをコミュニケーションの場面で使う技能を身に付けている。	・まとまりのある英文を聞き,必要な情報を理解することができる。 ・聞いたり読んだりした内容について,既習の語彙や文法を使用して話すことができる。	・新出単語を確認しながら,読まれる英文を理解しようとしている。 ・聞いたり読んだりした内容について,既習の語彙や文法を駆使して,話そうとしている。

5 単元計画(全5時間)

時	ねらい	指導内容のポイント,文法等	評価規準
1	ジョン,エースとクリスチャンとの出会いについて理解する。	概要の聞き取りと,基本的な文法(現在完了)	教師のオーラル・イントロダクションを聞き,その概要を理解することができる。
2	ジョン,エースとクリスチャンのロンドンでの生活について理解する。	必要な情報の聞き取りと,基本的な文法(受動態,分詞の限定用法)	まとまりのある英文を聞きながら,必要な情報を聞き取ろうとしている。
3	クリスチャンをアフリカに送る場面について理解する。 【本時】	題材について意見をやり取りさせることと,必要な情報の聞き取りをさせる。	題材について意見をやり取りしようとしている。 必要な情報を聞き取ることができる。
4	ジョン,エースとクリスチャンの再会の場面を理解する。	題材について意見をやり取りさせることと,必要な情報の聞き取りをさせる。	必要な情報を聞き取ることができる。
5	人と動物の共生について意見を述べる。	内容の復習と意見のやり取りをさせる。	既習の語彙や文法を使用し,意見を伝えようとしている。

6 使用教科書 (ELEMENT English Communication I [啓林館] Lesson 2)

Part 3

One day, Christian found a belt in the house and picked it up in his teeth. Ace tried to take the belt from him, but for the first time he angrily showed his sharp teeth. Ace was shocked, and that reminded him that Christian was a wild animal.

A few days later, the two men met George, an expert on lions from Africa. George said that Christian should join other lions in the wild. John and Ace knew that a life in the wild was best for Christian, so they finally agreed with George's idea.

The three men went to Kenya to set Christian free. They also needed to train Christian to live in the wild. Christian, then, met his new lion friends and learned their ways of living.

Their last day arrived quickly. John and Ace spent one last fun day with Christian. The next morning they left early without saying goodbye.

belt　　ベルト
teeth (tooth)　　歯
angrily　　怒って
sharp　　鋭い
shocked　　ショックを受けた，動揺した
remind　　思い出させる，気づかせる
expert　　専門家
Kenya　　ケニア（アフリカ東部の国）

〈Comprehension〉
1. What did George say to John and Ace?
2. Did Christian get along with other lions in Kenya?

〈文法〉ターゲットとなる文法事項はなし。

7 授業のために事前に準備しておくもの

・オーラル・イントロダクションの原稿と，生徒に聞き取らせたい内容に関する英語での質問を準備する（新出単語については下線を引いている。）

〈オーラル・イントロダクションの原稿〉

第1段落と第2段落の途中までのオーラル・イントロダクション

（ベルトの絵を見せながら）One day, Christian found a belt and picked it up in his teeth. Ace tried to take it away from him. Christian got very angry and showed his teeth. Look at the picture,（ライオンが口を開けている写真を見せながら）lions have sharp teeth. Christian showed his sharp teeth angrily. Ace was shocked, and that reminded him that Christian was a wild animal. Ace was surprised and he realized that Christian was a wild animal. Ace and John discussed what to do. They had two choices. The first one was that they could send Christian to a zoo in London. The second one was that they could send Christian to the wild in Africa.

生徒が読む前に行うディスカッション

Before we read the story, let's discuss what was best for Christian. First, let's talk about the good points of sending Christian to a zoo in London. Discuss it with your partner.（何人かの生徒に意見を言わせる。）（予想される生徒の意見：Christian can find food easily. Christian will be safe. Ace and John can meet Christian easily. など）How about sending Christian to the wild in Africa? What are the good points of sending Christian to the wild in Africa? Discuss it with your partner.（何人かの生徒に意見を言わせる。）（予想される生徒の意見：Christian can be free. Christian can make more friends. など）OK. Ace and John asked an expert on lion. An expert is a person who knows a lot about something. This is George. He is an expert on lions. They asked George what to do. Now you are going to listen to the story.

生徒に提示する聞き取るポイント

Before you listen to the story, I will give you three questions. When you listen to the story, try to find the answers to the questions.

〈英語での質問〉
・What was George's idea?
・Did John and Ace agree with George's idea?
・Did John and Ace say goodbye when they left Christian?

8 本時の学習指導案（50分）

時間	生徒の学習活動	教師の指導・支援
挨拶：1分	・挨拶をする。	・挨拶をする。
復習：4分	・教科書本文の内容についてペアで考えた後，答える。 A1：They found Christian at a department store in London. A2：Christian was in a cage and they felt sorry. A3：They played with a ball. A4：First, they were surprised but soon they found him lovely.	・前時の内容に関する質問をする。 Q1：Where did John and Ace find Christian? Q2：Why did they decide to buy Christian? Q3：How did they play together? Q4：How did people in London react to Christian? ・単語やフレーズのみで答えたり，文法的にミスがあったりする場合でも，内容を伝えていればまずはその答えを受け止め，その後正しい文章を提示，全体でリピートさせることで，英語を話すことに対する抵抗感をなくす。
導入：9分 （❶）	・教師のオーラル・イントロダクション（2段落の途中までの内容）を聞き，理解する。 ・クリスチャンを動物園に送るか，アフリカに送るかについて，それぞれの利点をあげ，どちらの方が良いかについて生徒同士で考えを伝え合う。 〈予想される生徒の発話例〉 <u>動物園に送る利点</u> ・Christian can get food easily. ・Christian doesn't have to hunt. <u>アフリカに送る利点</u> ・Christian will be free. ・Christian can make more friends.	・オーラル・イントロダクションでは，これまで学んだ語彙や文法を意識的に使用する。 ・What are the good points of sending Christian to a zoo in London? などの質問を生徒に投げかけ，数人の生徒に答えさせた後，その内容を板書することで，その後ペアでディスカッションする際，生徒がそれらの表現を使用できるようにしておく。また，生徒からの意見について，他の生徒に同意するか，反対するかなど，意見を聞くことで，クラス全体でディスカッションを行う。 ・生徒が単語のみで答えたり，文法や語法について間違いがあったりしても，内容のやり取りを重視し，まずは内容を受け止め，教師側が正しい英文を示し，それをリピートさせるなどして，生徒が言いたいことを正しく言えるようになるよう支援する。

展開①：10分 （❷）	・教師からの質問について，その答えを個人で類推し，数人の生徒が考えたことを発表する。 ・CDの音声を聞き，質問の内容について聞き取る。 ・数人の生徒が答える。 ・教科書を開け，質問の答えを確認する。	・以下の質問を生徒に投げかけ，その答えを類推させ，ペアで話し合わせ，数人の生徒に話し合った内容を発表させる。 〈質問〉 What was George's idea? Did John and Ace agree with George? Did they say goodbye to Christian when they left? ・質問の内容を聞き取るよう指示する。 ・数人の生徒に答えさせる。 ・教科書を開けさせ，質問の答えを確認した後，正しい答えを提示する。
展開②：13分 （❸）	・教師のモデル・リーディングを聞く。 ・教師の後に続いて音読する。 ・教科書本文の一部の動詞を原形にして（　）に入れた本文ハンドアウトを用いて，動詞の形を変えながら音読をする。音読した後，教科書を開き，確認した後，誤読したところは動詞の使い方について話し合ったり，辞書を引いたりするなどして確認する。	・モデル・リーディングを行う。 ・thの音や，f，vの音など，口の形などを意識させる。 ・ペアで1人の生徒が音読する場合，もう1人の生徒も同じハンドアウトを見ながら音読を聞くよう指示し，1人の音読が終われば，教科書を開け，2人で確認するよう指示する。質問があったり，間違いの多い項目については，クラス全体に説明したり，理解している生徒に説明させたりするなど，補足説明を行う。
展開③：12分	・教師の再話を聞く。 ・個人，ペアで再話の練習を行う。 ・数人の生徒が発表する。	・教師が教科書本文の内容を英語で話す。 ・個人，ペアで練習を行うよう指示する。その際，生徒自身の言葉で話すよう指示する。 ・数人の生徒に発表させ，それぞれの発表にコメントを与える。
挨拶：1分	・宿題の内容を聞く。 ・挨拶をする。	・宿題として，音読，再話の練習を行い，再話の内容をノートに書くよう指示する。 ・挨拶をする。

9 授業展開例

❶オーラル・イントロダクションを聞いて教科書本文の概要を理解する

　高校に入学してすぐの生徒の多くは，まとまりのある英文を聞いて，その概要を理解することに慣れていない。オーラル・イントロダクションでは，中学校で学んだ語彙や文法を使いながら，まとまりのある英文を聞かせることで，長い文章の内容を聞くことに慣れたり，分からない語彙があっても文脈から判断して理解しようとしたりする態度を育成することが可能となる。また，新出単語の導入についても，できる限り文脈の中で使用しながら，その意味を類推させることが重要である。教科書本文の内容に触れる前に単語とその日本語訳をリストとして配付すると，生徒は単語と日本語訳を一対一の関係で覚えようとしたり，英文を読んだり聞いたりする際，全ての単語を日本語に置き換えて理解しようとしてしまう傾向がある。語彙について，意味だけでなく，その使用方法や場面について理解するためには，実際に文脈の中で理解し，使用することが必要不可欠である。そのため，導入時に無理に全てを理解させようとするのではなく，一時間の授業，もしくは単元といった長いスパンで段階的に定着させることを意識すると良い。

❷聞いたり読んだりする前に英文の内容を類推させ，聞きたい，読みたいという気持ちを引き出す

　英文を聞いたり，読んだりする際，質問を与え，その答えを探しながら読ませることが多くあるが，まずは生徒に質問の答えに関する仮説を立てさせ，その仮説を英語で話し合わせる機会を持つことで，生徒が英語を使用してやり取りを行う場面を作ることができ，また，内容に対する興味関心を高め，聞きたい，読みたい，という意欲を引き出すことが可能となる。

❸生徒主体の音読活動

　音読をする際，語彙や文法の使用について意識しながら読ませたいものである。高校で学ぶ文法については，その大部分が動詞に関連するものであり，その中でも時制や仮定法など，その概念を理解しなければならないものについては，繰り返し触れることが必要になる。例えば，以下のように，いくつかの動詞を原形に戻しておき，それを正しい形に変えながら（不定詞のto や be 動詞，助動詞の have を付け加えることを含む）音読をさせることで，生徒は文章の意味や場面を考えながら繰り返し本文を読むことになり，定着を図ることが可能となる。

　One day, Christian (find) a belt in the house and picked it up in his teeth. Ace tried (take) the belt from him, but for the first time he angrily showed his sharp teeth. Ace (shock), and that reminded him that Christian was a wild animal.

10 授業のアイデア＋α

ポイント1　オーラル・イントロダクションを効果的に行うポイント

オーラル・イントロダクションの目的は，以下の通りである。
- 音声で内容を理解させる。
- 英語の語順のまま理解させる。
- 新出単語やターゲットとなる文法を文脈の中で導入する。
- 教科書本文全ての内容についてオーラル・イントロダクションで導入せず，生徒が聞いたり読んだりして理解する部分を残す場合，聞きたい，読みたいという気持ちにさせる。
- 既習の語彙や文法を使用してやり取りを行う。

　そのため，慣れないうちは，オーラル・イントロダクションのスクリプトを作成して，上記のような目的に合った内容になっているかを確認する必要があるだろう。語彙を導入する際には，絵や写真，実物を提示してよい場合は，それらを準備し，パラフレーズをして導入する必要がある場合には，ネイティブ・スピーカーに相談したり，英英辞典を使用したりするなどして準備すると良いだろう。また，生徒に発問するなどしてやり取りをする場合は，既習の文法項目を使用して答えることができる発問を準備すると，生徒が実際のコミュニケーションの場面で文法を使用することができる。

ポイント2　英語の学習過程の在り方を見直す

　多くの授業で，生徒は常に正しい英文を話したり書いたりしなければならないと感じている。英語を外国語として学ぶ場合，覚えた文章を単に再生する場合は正しく発話したり書いたりすることが可能であるが，言いたい内容を既習の語彙や文法を使用して話したり書いたりする場合は，流暢さも正確さも著しく下がることを教師も生徒もきちんと理解することが必要である。教室で自分の意見を述べることに慣れていない生徒にとって，正しい内容で，正しい英文を使用して答えなければならない発問は生徒にとって最もプレッシャーになる。そのため，導入や，内容理解の発問を行う際，正解のない（もしくは正解が絶対に分からない）発問を生徒に投げかけ，その内容を考え，答えさせる機会を多く与え，その解答については文法的に正しい英文を求めない姿勢を示すことで，生徒の授業中に英語を発話することに対する恐怖心をなくすことができる。同じ質問に対して，生徒が即興で答える機会を持ち，それをペアやグループで話し合ったり，また，その内容を書く活動を通して，内容についても言語形式についても洗練させていき，最終的に言いたいことを正しい英文で話したり書いたりできれば良い，というように，長いスパンで考える必要がある。生徒が英語を話したり書いたりした場合，まずはその内容が伝わるかどうかを評価することで，「言いたいことが伝わった，次は正しく相手に伝えたい」という気持ちを引き出したいものである。

（松下　信之）

1年　　　　　　　　　　　　　　　　Bopsy―ボプシー―

発展編
リーディングを中心にした授業

	学習場面			領域・技能					
	語彙・文法	音読・内容	教科書本文	聞くこと	読むこと	話すこと(やり取り)	話すこと(発表)	書くこと	複数技能統合
主体的な学び					◎				○
対話的な学び			○		○				
深い学び			○					○	

1 授業のねらい

　物語を読む場合，登場人物の心情を推し量りながら読んだり，その時代背景などを理解しながら読んだりすることで，内容を深く理解することが可能となる。教科書本文を単に日本語に訳すのではなく，時代背景などを英語によるやり取りで生徒に理解させたり，登場人物の心情や行動の原因などを類推させたりする活動を設定することで，生徒が内容について真に理解したり，生徒自身がそれぞれのこれまでの経験や，培ってきた価値観と照らし合わせながら読んだりする機会を持つことができるため，主体的に読む態度を育むことが可能になるだろう。

　また，物語から読み取れるメッセージは何か，最後にまとめさせることで，本質的な理解ができているかどうか確認できる。また，その内容について話し合う活動を行うことで，抽象（作者が伝えたいこと）→具体（物語の出来事）の流れで文章を作る練習となるため，パラグラフ・ライティングの基礎を身に付けることも可能となる。

2 授業の題材・教材

　本単元は，ボプシーという難病を抱えた少年と彼の「消防士になりたい」という夢を叶えた人々の物語である。この単元を通して，人と人のつながりについて考えることができる。本時では，ボプシーが息をひきとる前に，消防士が病院に駆けつけ，ボプシーと最後の時間を過ごす場面が書かれている。

3 本時の技能別目標

・教科書本文を読み，登場人物の心情を理解することができる。（読）
・登場人物の心情について，英語で書くことができる。（書）
・物語が伝えたかったことを英語で話し合うことができる。（話）

4 具体的な評価規準

知識・技能	思考・判断・表現	主体的に学習に取り組む態度
・ターゲットの文法事項の意味や形式について理解し，コミュニケーションの場面で使う技能を身に付けている。	・本文の行間の内容を理解することができる。 ・物語が伝えたかったことを説明することができる。	・登場人物の心情などを推し量りながら読もうとしている。 ・意見を聞き手に伝わるよう，話そうとしている。

5 単元計画（全5時間）

時	ねらい	指導内容のポイント，文法等	評価規準
1	母親がポプシーの夢が消防士になることを知る場面について理解する。	概要の聞き取り，読み取りと【文法事項】S+V+C	英文の内容を理解し，その内容を英語で話すことができる。
2	消防士ボブがポプシーの夢を叶える場面について理解する。	必要な情報の聞き取り，読み取りと【文法事項】S+V（知覚動詞・使役動詞）+O（分詞・原形不定詞）	英文の内容を理解し，その内容を英語で話すことができる。
3	ポプシーの容態が悪化し，看護師が消防署に電話をする場面について理解する。	必要な情報の聞き取り，読み取りと【文法事項】関係代名詞 what	英文の内容を理解し，その内容を英語で話すことができる。
4	ポプシーと消防士たちが再会した場面について理解する。【本時】	必要な情報の聞き取り，読み取りと，登場人物の心情についての読み取りをさせる。	英文の内容を理解し，登場人物の心情を考え，その内容を書いて伝えることができる。
5	物語から読み取ることができるメッセージについて話し合う。	内容の復習と意見のやり取りをさせる。	既習の語彙や文法を使用し，意見を伝えようとしている。

6 使用教科書　　　(ELEMENT English Communication I [啓林館] Lesson 5)

Part 4

　The chief replied, "We can do better than that. We'll be there in five minutes. Will you please do us a favor? When you hear the sirens coming and see the lights flashing, will you tell people that there is not a fire? Tell them the fire department is coming to see one of its finest members one more time. And will you open the window in his room? Thanks."

　About five minutes later, a hook-and-ladder truck arrived at the hospital. It extended its ladder up to the open window on the third floor, and sixteen firefighters climbed up and into Bopsy's room. With his mother's permission, they hugged him and held him and told him how much they loved him.

　Bopsy looked up at the fire chief and said, "Chief, am I really a firefighter now?"

　"Bopsy, you are," the chief said.

　Bopsy smiled and closed his eyes for the last time.

do A a favor　　Aの願いを聞く
siren　　サイレン
flash　　（ぴかっと）光る
extend　　延ばす，延長する
permission　　許可，許し

〈Comprehension〉
1. What did the chief ask the head nurse to tell people in the hospital when she heard the sirens and saw the lights?
2. What did the firefighters do with Bopsy's mother's permission?

〈文法〉ターゲットとなる文法事項はなし。

7 授業のために事前に準備しておくもの

・教科書本文のそれぞれの登場人物の言動や行動を振り返るための発問

本時では，Part 4の内容を理解した後，登場人物（ボプシー，ボプシーの母親，消防士のボブ，看護師）の心情について考える活動を行う。そのため，導入の部分で，以下のような発問を行い，生徒に答えさせることで，それぞれの登場人物の行動や言動について振り返ってから，なぜそのような行動をとったのか，やり取りを行うことで生徒から意見を引き出しておくと，活動をスムーズに行うことができる。

〈発問例〉
・When Bopsy's mother asked him what his dream was, what did Bopsy say to her?
・When Bopsy's mother heard his answer, what did she do?
・What did Firefighter Bob do for Bopsy?
・How did Bopsy feel when he was on the fire truck?
・When Bopsy's mother saw Bopsy on the fire truck with his uniform on, how do you think she felt about it?
・How do you think the firefighters feel when they saw Bopsy's smile?

・ルーブリックによる評価規準

本時の最後に，生徒がそれぞれの登場人物の立場で起こった出来事に対する思いや，その時にとった行動の理由等について書く活動を設定しているが，それを適切に評価することが必要となる。ただ，文法の間違いを指摘するのではなく，内容がどれだけ伝わっているか，心情を読み取ろうとしているかなど，表現の能力も評価することで，書くことで伝えようとする態度を引き出すことができる。

	A	B	C
内容について	登場人物の心情などについて，行動や言動などをもとに描写できている。	記述内容に不足はあるものの，登場人物の心情などについて概ね書けている。	登場人物の心情などについてほとんど書けていない。
英語使用について	自然で英語らしい，文法的にも正しい文が支えている。単純な文の繰り返しになっていない。	文法や語彙の使用に間違いが見られるものの，内容を伝えることはできている。	文法や語彙の使用に間違いがかなりあるため，内容を伝えることができていない。

8 本時の学習指導案（50分）

時間	生徒の学習活動	教師の指導・支援
挨拶：1分	・挨拶をする。	・挨拶をする。
復習：6分	・教科書本文の内容についてペアで考えた後，答える。 〈解答例〉 ・He said, "I've wanted to be a firefighter." ・She went to the local fire department in Phoenix, Arizona. ・She said, "Can you give Bopsy a ride on a fire engine?	・前時の内容に関する質問をする。 〈発問例〉 ・When Bopsy's mother asked him what his dream was, what did Bopsy say to her? ・When Bopsy's mother heard his answer, what did she do? ・What did Bopsy's mother say to Firefighter Bob? （本文をそのまま抜き出す発問と，パラフレーズして答えなければならない発問を用意。） <u>生徒が単語やフレーズのみで答えた場合</u> ・教科書で述べられている内容に関しては，正しい英文で答えるよう促したり，正しい英文を与え，リピートさせたりする。 ・本文に書かれていない内容については内容のやり取りを重視し，訂正等は行わない。
導入：1分	・教師からの質問を理解する。 ・教科書を開き，読む。	・以下の発問を行う。 ・The nurse called the fire chief and asked him if a firefighter could come to the hospital to be with Bopsy. What do you think the fire chief did for Bopsy? ・以下の質問を板書し，教科書を開き，読むよう指示する。 ・What did the firefighters do for Bopsy?
展開①：8分	・教科書を読んだ後，質問に答える。 〈期待される答え〉 ・He said, "We can do better than that."	・発問を行い，内容理解の確認を行う。 〈質問〉 ・What did the chief say to Bopsy's mother?

		・He asked her to open the window. ・They came into the room through the window. ・They hugged him and held him and told him how much they loved him. （以下省略）	・What did the chief ask Bopsy's mother to do? ・How did the firefighters come into Bopsy's room? ・What did the firefighters do to Bopsy? ・Bopsy said something to the fire chief. What is it? ・What did the chief say to Bopsy? （以下省略）
展開②：18分 （❶）		・4人グループを作り，ボプシー，ボプシーの母親，消防士のボブ，看護師の役に分かれる。 ・Part 1～Part 4の内容を再度読み，それぞれの立場でどのような心境であったのか，なぜそのような行動をとったかについて考えながら読む。 ・物語の内容を元に，当時の状況を振り返り，その思い出と，その時の心情を日記形式で書く。	・4人グループを作り，ボプシー，ボプシーの母親，消防士のボブ，看護師の役に分かれるよう指示する。 ・それぞれの役割の人物の発言や行動を適切に読み，その時の心情や，なぜその行動をとったのか，その理由を考えるよう指示する。 ・ワークシートを配付し，それぞれの立場で，当時の状況を振り返り，その思い出と，その時の心情を日記形式で書く。 （ボプシー役の生徒には，消防士が部屋にきてくれた直後の心情までを書くよう指示する。）
展開③：15分 （❷）		・グループの他のメンバーの作品を読み，内容的に改善が必要な部分には傍線，文法や語彙の使用に関して改善が必要な部分には波線を引く。 ・それぞれの作品の内容について，改善するべき点などを話し合うことで，改善の見通しを持つ。	・内容的に改善が必要な部分には傍線，文法や語彙の使用に関して改善が必要な部分には波線を引くよう指示する。 ・それぞれの作品の内容や文法，語彙の使用について気付いたことや改善するべき点について話し合うよう指示する。 ・生徒からの質問の中で全体にフィードバックした方が良いものや，気を付けるべき点については活動を止め，説明を行う。
挨拶：1分		・宿題の内容を聞く。 ・挨拶をする。	・宿題として，ライティングの作品を完成するよう指示する。 ・挨拶をする。

9 授業展開例

❶登場人物の立場になり,当時の状況を振り返り,その思い出と,その時の心情を日記形式で書く

この活動の目的は,教科書本文の内容について,書かれていない内容(登場人物の心情や行動の動機など)について,登場人物の行動や言動から理解することである。アウトプット活動を設定することで,生徒は再度教科書本文を読む機会となり,また,主体的に読もうとする態度を引き出すことが可能になる。

この活動を成功させるためには,まず生徒が教科書本文の内容を正しく理解していること,教科書本文の内容について生徒自身の言葉で話せるようになっていることが必要である。そのためにも,本時より以前の授業で音読,再話(ストーリー・リテリング)活動をしっかり行っておく必要がある。

❷グループのメンバーで描いた作品を推敲する

グループメンバーでそれぞれの生徒が書いた作品を読み合い,推敲することには以下の利点がある。

①教師以外に作品が読まれることで,読み手(聴衆)がいることを意識して書くようになる。
②言語形式や内容について客観的に見直す習慣を身に付けることができる。
③生徒自身が内容や言語形式の改善点に気付く機会となる。

以下のように,3人のグループ(生徒A,B,C)で活動を行う際,生徒Bが生徒Aの作品,生徒Cが生徒Bの作品,生徒Aが生徒Cの作品を読み(2分間),その後,また別の生徒の作品を読む(2分間)。その際,内容面で気になるところには傍線,言語形式面で気になるところには波線を引くなど指示しておく。他の生徒の作品を読み,チェックが終わったら,一人一人の作品を真ん中に置き,3人全員で線が引かれた部分についてどうすれば改善できるかを話し合わせる(1人の作品につき3分間)。

(1)他の生徒の作品を読み,チェックする　　(2)一人一人の作品を全員で推敲する

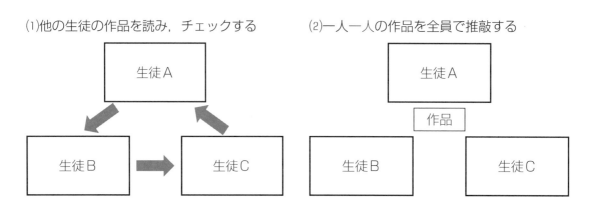

10 授業のアイデア＋α

ポイント1　目的に応じた発問の設定

　教科書本文を扱う際，教師からの発問には以下のようなものが挙げられる。
　①教科書本文に書かれていること（事実）についての発問
　②教科書に書かれていないこと（推論を要すること）についての発問
　③教科書の内容と生徒の生活との関わりや，生徒の意見などについての発問
　①の事実に関する発問は，本文にある内容をそのまま問う発問であり，生徒は英文やフレーズを抜き出すことで解答することができる。教科書の内容理解を確認する手段として教科書に書かれている情報についての発問も大切であるが，その際，多くの生徒が理解できていない語彙が含まれている場合は写真を使って示したり，生徒にその語彙の定義を言わせたりするなどして，確実に理解していることを確認する必要がある。

　また，②の推論を要する発問を行うことで，生徒は，「なぜ登場人物は書かれているような行動をしたのか」や，「登場人物が心の中でどのようなことを考えていたか」など，本文に書かれていない内容を類推する必要がある。類推するためには，教科書本文を何度も読み，適切な情報を集めながら意見を作らなければならず，表面上にとどまらない深い理解に導くことが可能になる。

　③の生徒の意見を聞く発問では，題材と生徒自身の経験や考えを結びつけることで，題材について興味関心を高めるとともに，「自分ごと」として本文を読もうとする態度を養うことができる。

　上記の3つの発問を組み合わせ，生徒の理解を促すことになるが，すぐに発問を行うのではなく，オーラル・イントロダクションなど，自然な流れの中で発問をすることが大切である。また，正しい言語形式で答えさせたい発問なのか，形式にこだわらず，内容理解を促すことを目的にした発問なのかを教師側が常に意識しておくことも大切である。

ポイント2　インプットの質を上げるためのアウトプット活動の設定

　単元の中で，生徒が英語を使用して話したり書いたりする活動を設定することが必要であるが，その際，生徒がこれまで学んだ内容を振り返り，学んだ語彙や文法を使用したり，教科書本文の内容に触れたからこそ気付いたことを話す機会となるような活動を設定することが重要である。今回の授業のように，「登場人物になりきり，当時の状況を振り返り，感じたことや考えたことを書く」活動を設定すると，生徒は教科書の内容を再度読むことになり，そこで学んだ語彙や文法を使用しながら英語を使用する場面を作ることが可能となる。このような活動を設定することで，生徒が教科書の内容や言語材料を「使用できるもの」と意識して学習することにつながり，これ以降の学習の質を上げることにもつながる。

（松下　信之）

2年　Ambassador of World Peace―サクラの花は平和の親善大使―

基礎編
ライティングを中心にした授業

学習場面				領域・技能					
語彙・文法	音読・内容	教科書本文	聞くこと	読むこと	話すこと（やり取り）	話すこと（発表）	書くこと	複数技能統合

	学習場面			領域・技能					
主体的な学び			○						
対話的な学び	○				○		○		
深い学び								◎	

1 授業のねらい

　2年生ともなり，生徒は高校生活にも慣れた頃である。その慣れによって，英語の授業は教師の試練の1年ともなりうる場合がある。いわゆる中だるみである。まだ進路も漠然としている中にあって，英語の授業に身が入らないのは一部理解はできる。そして，その中だるみを打破するために，英語の授業にも活を入れる必要が出てくる。

　今回は，学年最初の単元の第3時間目で，前時に教科書本文の内容を理解させた上での授業にあたる。そこで，ペアやグループでの活動に慣れた生徒に，簡単なプレゼンテーションをクラス全員の前でさせることで，刺激を与え，活を入れることとしたい。ただし，初めから多くを望むのではなく，プレゼンテーションに慣れ親しませるために，簡単で，しかも短時間で終わるものに取り組ませる。これらの積み重ねが，今後のスピーチやディベートにも大きな効果として表れることになる。

2 授業の題材・教材

　本単元は，サクラが日本人にとってどのような意味を持ち，歴史や地域，開花条件などの基礎基本的な知識を理解させるとともに，単にサクラは「きれいな花」だけにとどまらず，世界に広がり，平和の礎ともなっていることを知らせる。そして，その上で世界各地のサクラの状況を調べ，簡単なプレゼンテーションをさせる。

3 本時の技能別目標

・クラスの前で，簡単な内容をプレゼンテーションできるようにする。（話：発表）
・プレゼンテーションのための原稿を書くことができる。（書）

4 具体的な評価規準

知識・技能	思考・判断・表現	主体的に学習に取り組む態度
・発表する場合のパターンを知り，自分の伝えたいことについて書く方法を身に付けている。 ・効果的な話し方について知っている。	・自分の伝えたい内容について辞書等を駆使しながらまとめている。 ・発表者が話す内容を聞いて概要を理解している。	・相手に伝わるようにプレゼンテーションを行おうとしている。 ・聞き手に配慮しながら，自分の考えを書いたり表現したりしている。

5 単元計画（全6時間）

時	ねらい	指導内容のポイント，文法等	評価規準
1	単元の概要を聞き，内容を理解する。	単元全体のイメージを持たせる。現在完了形を復習させる。	聞いた概要を理解している。
2	他国のサクラ事情について理解する。	世界のサクラ事情を理解させる。関係副詞 where, when の復習をする。	関係副詞を利用して，会話を作ることができている。
3	調べた内容をまとめて発表してみる。【本時】	情報をまとめ，ノートに書かせる。ペアで練習後，全体で発表させる。	自分の伝えたいことが，的確にまとめられている。
4	サクラの咲く条件について，本文から読み取る。	科学的な説明文を理解させる。関係副詞 why, how の復習をする。	読んだ内容を詳細に理解できている。
5	単元全体を詳細に読み取ってみる。	単元で学んだ文法事項を活用してコミュニケーションを図らせる。	筆者の考えを的確に把握することができている。
6	日本人にとって，サクラの存在意義についてまとめ，簡潔に表現してみる。	単元を通した内容を確認した後，日本人にとって，サクラの存在意義について自分の意見をまとめさせる。	既習の語彙や表現，文法事項を使って，サクラの存在意義について自分の意見をまとめている。

6 使用教科書 (NEW ONE WORLD Communication II [教育出版] Lesson 1)

Part 2

日本のサクラが外国にも広がっています。

Now we can see cherry blossoms in other countries, too. For example, in Washington, D.C. in the U.S., about 3,800 cherry trees bloom along the Potomac River in April. Those trees were presented to the U.S. in 1909 by Ozaki Yukio, the mayor of Tokyo City. They were a token of friendship between Japan and the U.S.

In Berlin, over 9,000 cherry trees have been planted since 1990 in the area where the Berlin Wall used to be. These trees are also a present from Japan to Germany as a symbol of friendship and world peace.

Washington, D.C.　ワシントン特別区（米国の首都）
The Potomac River　ポトマック川
1909（年号）= nineteen oh nine
Ozaki Yukio　尾﨑行雄（当時の東京市長）
Tokyo City　東京市（当時の東京府にあった市）
the Berlin Wall　ベルリンの壁

〈Comprehension〉

1. Why are there many cherry trees in Washington, D.C. today?
2. What were the cherry trees presented from Japan to Germany for?

〈文法〉

関係副詞 where, when の復習

a. In Berlin, over 9,000 cherry trees have been planted in the area where the Berlin Wall used to be.
b. That was the town where I have lived for a long time.
c. Monday is the day when most museums are closed.
d. I'm looking forward to the day when my dream will come true.

◆関係副詞 where で始まる節は場所を表す先行詞について説明します。
◆関係副詞 when で始まる節は時を表す先行詞について説明します。

7 授業のために事前に準備しておくもの

・生徒に評価させる表を作成して配付する

　生徒のスピーチやショウ・アンド・テル，プレゼンテーションをさせる場合には，他の生徒に漫然と聞かせるのではなく，1人の評価者として，発表を注意して聞かせるようにしたい。評価するということは，自分の発表についても振り返ることができ，ブラッシュアップにもつながる。評価のポイントは，教師が普段から授業で強調してきた点を見取らせることで，普段の授業にも意識をさせることができる。評価表は以下のようなものが考えられる。

Evaluation Seat（例）

Name	Eye Contact	Smile	Voice	Contents	Comments
A					
B					
C					

　例えば，上記のような評価表を作成し，聞く側の生徒全員に配付する。4つの項目（視線，笑顔，声の大きさ，内容）に分け，それぞれ5点満点で記入させ，優れている点と改善点とが明確に分かるようにする。また，コメントの欄には，プレゼンテーションを聞いて意見を記入させる。これらの表をプレゼンテーション終了後に本人に渡してもよいが，そうなると，聞く側の生徒は本気で書かなくなり，良い点ばかり記入するようになり，コメントも雑になる。

　そこで，最善の策として，評価表は無記名として教師が収集し，4つの項目はエクセルにまとめ，次回の授業で提示してコメントする。その際，得点の低い生徒には次回頑張るように鼓舞する。生徒同士間での評価に慣れてくれば，傷つく生徒は皆無となる。また，生徒が書いたコメントは切り取って発表者に渡し，次回の発表の参考とさせる。

・モデルとなるプレゼンテーションの原稿を用意する

　生徒にスピーチやプレゼンテーションをさせる場合，事前に教師がモデルを示す必要がある。例えば，ここでは，海外のサクラを調べ，簡単な英語で話す見本を示す。

　Hello. I studied about cherry blossoms in London. The famous garden for cherry blossoms in London is Kew Gardens. It's got more cherry blossom trees and more varieties of cherry blossom than anywhere else in London. We can see many kinds of cherry blossoms there. Thank you.

8 本時の学習指導案（50分）

時間	生徒の学習活動	教師の指導・支援
挨拶：1分	・挨拶をする。	・挨拶をする。
復習：8分	・ペアで前時の本文を読み聞かせをする。 ・教師の質問の答えをノートに書く。 ① They were presented in 1909. ② Ozaki Yukio, the mayor of Tokyo City did. ③ They are planted in the area where the Berlin Wall used to be.	・前時の教科書本文をペアで読み聞かせをさせる。 ・概要についての質問を生徒に投げかける。 ① In what year were cherry trees presented to the U.S.? ② Who presented the cherry trees to the U.S.? ③ Where are the cherry trees planted in Berlin?
導入①：15分	・プレゼンテーションの見本を聞き，内容を理解しようとする。 ・原稿を書く際の注意事項や発表する際の態度面などの注意事項を聞く。	・プレゼンテーションの見本を示す。 ・Hello. I studied about cherry blossoms in London. The famous garden for cherry blossoms in London is Kew Gardens. It's got more cherry blossom trees and more varieties of cherry blossom anywhere else in London. We can see many kinds of cherry blossoms there. Thank you. ・発表の仕方，発表原稿の在り方を知らせる。 1．はじめに，全体を見渡して，挨拶をする。Hello, Hi, 等仲間の中でのプレゼンテーションであることから，気軽に話しかけるように心がける。 2．笑顔で，聞き手に聞こえる声の大きさで，聞き手が理解できていないような顔をしていたら，再度話したり，スピードをゆっくりにしたり，ジェスチャーを入れたりなど，臨機応変に対応する。

			3．プレゼンテーションの終わりには，Thank you. や Thank you for listening. と言い，聞いてもらったことへの感謝を伝える。
		・宿題となっていた世界のサクラ事情の情報をもとに，ノートにプレゼンテーションの原稿を書く。	・宿題となっていた世界のサクラ事情の情報をもとに，プレゼンテーションの原稿を書かせる。
展開①：5分		・ペアになって，交互にプレゼンテーションの原稿を読み聞かせる。 ・内容，発音，態度等について意見を交わし，より良いプレゼンテーションをめざす。	・ペアで，出来上がったプレゼンテーション原稿を相手に読んで聞かせ，内容の確認を行わせる。
展開②：20分	(❶)	・配付された評価表により，自分の順番を確認する。 ・評価表により，順番に教室前方に行き，プレゼンテーションを行う。	・プレゼンテーションの評価表を全員に配付する。 ・配付した評価表に記載されている順番通りにプレゼンテーションを行わせる。 ・世界のサクラ事情についてのプレゼンテーションを行わせる。 ・間髪入れず順番通りにプレゼンテーションを行わせるために，発表の場の脇に２，３人待機させておく。
	(❷)	・１人ずつ評価表に得点とコメントを記入していく。	・一人一人に些細なことでもよいから，コメントをする。その際，発表者以降の生徒の参考になるような事柄も取り入れる。例えば，「原稿を読んでいたので，声がこもって聞きづらかった。'Read and look up' の手法でなら，もっと聞きやすかったと思う。内容が良いだけに少し残念だ」など，改善点を指摘しながらも，次につながるコメントを意識的にする。
挨拶：1分		・挨拶をする。	・挨拶をする。

9 授業展開例

❶発表する順番を工夫する

　生徒のプレゼンテーションやスピーチなどの発表の順番には細心の注意が必要である。出席番号順に発表させるのが妥当なところではあるが，出席順が前の生徒には「またか」「いつも俺たちからだ」と不満感やマンネリ感から，発表に真剣に取り組まない場合も出てくる。逆に，出席順が終わりに近い生徒は，まだまだ発表まで時間があると思い，他の生徒の発表は聞かずに，自分の発表の準備ばかりをしている生徒も目にする。そこで，出席番号順の発表はやめて，教師側がランダムに順番を決めて，評価表の順番に発表させるのが平等でよい。ただし，この順番には仕掛けが必要である。注意点は以下の通りである。

- １番目に発表させる生徒は，発表がある程度上手く，英語の発音にも問題のない生徒を指名する。ここである程度としたのは，クラスでも１，２番目に上手い生徒を最初に発表させると，他の生徒からは，「あの生徒だからできるんだ，俺には無理」と半ば諦めてしまい，発表が低調に終わる場合が多い。
- 一方，発表能力の低い生徒を１番目に指名すると，聞いている側は，「あの程度でよいのか」と思い込み，努力しなくなり，この場合も低調に終わることが多い。したがって，プレゼンテーションを活気あるものに仕組むには，少なくとも発表の順番が１～３番目の生徒には，ある程度発表の上手い生徒を指名することである。１番上手い生徒は秘密兵器として，最も発表を苦手とする生徒の後に発表させ，雰囲気が低調になっているところを再度盛り返す役目を担わせる。

また，発表の流れを円滑にするために，教室を以下のようにする。（図は教室前方）

```
                          ○発表者
                        ┌───────┐
                        │ 教　卓 │
                        └───────┘
（２～５番目は椅子で待機）
○　○　○　○
```

❷発表に対するコメントをこまめに与える

　発表ごとに元気の出るコメントを与え，生徒の今後のやる気を引き出しておきたい。そのために，以下の点に注意したい。

①良い点を少なくとも１点示してほめる。声の大きさ，視線，表情，内容等，どのような点でも構わない。

②改善点を示し，その点を改善すれば，より良くなることを伝える。これは，本人に伝えるだけでなく，聞いている生徒の範となるものとする。

③発表の中に出てきた都市名，国名，難しい単語等については簡単な説明を加える。

10 授業のアイデア+α

ポイント1　宿題をどのように与えるか

　宿題は習慣的に与えた方が良い。しかし，英語を得意としない生徒に宿題を習慣的に行わせるには至難の業でもある。そこで，入学当初から，躾として，宿題をする習慣を植え付けなければならない。1人や2人の一部の教師が宿題を出しても習慣化は図れない。学校全体もしくは学年全体の申し合わせとして，実行に移すことが必要である。

　また，宿題は教師側の用意したワークシートなどに頼らず，授業で学んだことの復習を宿題として課すことが学力向上の近道でもある。50分の授業で学習した内容の再確認を教科書やノートを使って自宅で復習させるのである。一部の高校は予習（語彙，音読，内容把握，文法事項等）を行わせると，生徒は分かった気になり，授業に真剣に取り組まなくなる傾向があるとして，予習を禁止している学校もある。

　今回のような「各国のサクラ事情」を調べることは，自宅でスマートフォンやパソコンを使って行う調べ学習の一環でもある。これらを参考に，プレゼンテーションの発表原稿を作成させるのが宿題である。生徒にとって，それほど困難なことではないので，事前に検索方法等を知識として理解させておく必要がある。

ポイント2　どの辞書を薦めるか

　全国の高校生の辞書を調べてみると2つに2分される。一方は紙の辞書，他方は電子辞書である。大学生の一部はスマートフォンで単語や構文を調べる者も多いが，高校ではまだ許可されていない。したがって，高校生にとっては，紙か電子かという話になる。金額的には電子辞書は高いが，持ち運びを考えると重量やコンパクトさから電子辞書が便利であることは疑いの余地もない。しかも時代の流れとして，ますます電子辞書が使用されるのは致し方ない。

　電子辞書の利点は，さまざまな種類の辞書が備わっているという他に，英語面で考えると，単語の発音を耳で聞くことができるという大きなメリットがある。特に発音記号を判別できない生徒にとっては，真似をすれば読めるようになる点が優れている。

　しかし，紙辞書を推奨する学校や教師も多い。それは，電子辞書より安価であることが最大のメリットである。しかし，英和と和英の2冊の辞書を利用すると金額も張り，重量もかなりのものとなる。また，辞書を開くと，見開きから多くの情報を目にし，それが，語彙や構文の知識量を高めることにつながると力説する教師も多いが，これは説得力に欠ける。

　したがって，経済的な問題がクリアするのであれば，電子辞書を推奨して授業で多用させることで効果が期待できる。電子辞書の用例や解説，成句や複合語等を駆使すれば，さまざまなライティングの課題や原稿作成にも役立てることができる。しかも長い目で見れば，コストパフォーマンスが優れているのは電子辞書であることが分かる。

（菅　　正隆）

2年 The Only Japanese on the Titanic—タイタニック号に乗船していた唯一の日本人—

基礎編
複数技能統合のやり取りを中心にした授業

	学習場面			領域・技能					
	語彙・文法	音読・内容	教科書本文	聞くこと	読むこと	話すこと（やり取り）	話すこと（発表）	書くこと	複数技能統合
主体的な学び									
対話的な学び	○								
深い学び			○	○			○		◎

1 授業のねらい

　2年生の終盤ともなり，生徒は進路を意識する頃である。模試やオープンキャンパスに参加し，それぞれの進学先や就職先を調べ，心に決めている生徒も多い。

　そんな中にあって，映画やドラマで誰もが一度は目にしたことのあるタイタニック号の話を読んで，唯一乗船していた日本人の生き様について，自分の意見をまとめて発表させるのが主なねらいである。現代の日本人には考えられないような行動や考え方を理解させるとともに，自分であればその時にどのような行動に出ているのかを考えさせ，発表の中身に加えさせる。

　今回は，全8時間中の7時間目にあたり，クラスの半分の生徒（約20名）にスピーチを行わせる。発表時間は1人2分以内と定める。

　発表者以外は評価シート（Evaluation Sheet）に得点とコメントを記入させる。次時は残りの生徒（約20名）のスピーチ発表とする。

2 授業の題材・教材

　本単元は，1912年にイギリスからアメリカに向かって航海していた豪華客船タイタニック号を襲った悲劇（乗船者2,223人中1,513名死亡）を取り上げ，それに乗船していた唯一の日本人細野正文氏の生き様に焦点を当てる。この生き様を思い，自分や現代の日本人との違いを発表内容に含め，スピーチをさせる。

3 本時の技能別目標

・他の生徒のスピーチ内容を的確に捉えるように聞くことができるようにする。(聞)
・自分の考えや思いを聞き手に伝わるようにスピーチできるようにする。(話：発表)

4 具体的な評価規準

知識・技能	思考・判断・表現	主体的に学習に取り組む態度
・効果的なスピーチの方法(態度面)を身に付けている。 ・効果的なスピーチの方法(音声面)を身に付けている。	・自分の考えや思いを、聞き手を意識しながら効果的に表現している。 ・話される内容について、想像力を働かせておおむね理解している。	・聞き手を意識しながら、聞き手が理解できるように積極的に発表している。 ・話し手を尊重し、話し手に配慮しながら、聞いた感想をコメントとして書いている。

5 単元計画（全8時間）

時	ねらい	指導内容のポイント，文法等	評価規準
1	タイタニック号の悲劇を知る。	単元全体のイメージを持たせる。 分詞構文（現在分詞）を活用させる。	聞いた概要を理解している。
2	日本人の生存者を知る。	細野氏の人となりを理解させる。 付帯状況の with を活用させる。	英文に込められている想いを理解している。
3	細野氏への非難を知る。	非難の内容を理解させる。 分詞構文（完了形）を活用させる。	ヨーロッパ人のアジア人に対する思いを理解している。
4	細野氏の生き様に触れる。	日本人の気質を理解させる。 分詞構文（過去分詞）を活用させる。	行間を読むことができている。
5	単元全体を俯瞰する。	単元全体を通して読み，スピーチ原稿の情報を得させる。	全体を通して，ストーリー・リテリングできている。
6	スピーチ原稿を作成する。	自分の考えや思いをまとめ，ペアやグループで発表準備をさせる。	既習の語彙表現，文法事項を駆使して，まとめている。
7	スピーチ発表する(1)。【本時】	発表者以外の生徒に，発表の評価をさせる。	自分の考えや思いを聞き手に伝えられている。
8	スピーチ発表する(2)。	発表者以外の生徒に，発表の評価をさせる。	自分の考えや思いを聞き手に伝えられている。

6 使用教科書   (NEW ONE WORLD Communication II [教育出版] Lesson 9)

Part 1

豪華客船, タイタニック号を襲った悲劇とはどのようなものだったのでしょうか。

On April 10th, 1912, the Titanic left Southampton in Britain for New York in the U.S. It was her maiden voyage and there were more than 2,200 passengers and crew on board. She was one of the biggest passenger ships at that time with a length of 269 meters, a width of 28.2 meters and weighed 46,328 tons. She could travel 42.6 kilometers per hour. The Titanic was equipped with the latest technology at that time. People thought she was an unsinkable ship.

However, four days after departure, there was an accident. Colliding with a huge iceberg, she started to sink near Newfoundland in the North Atlantic Ocean. A few hours before dawn the next day, she sank into the sea and 1,513 lives were lost.

Part 2

事故のニュースが世界を駆け巡るなかで, 日本人の生存者がいることがわかりました。

The tragedy of the Titanic traveled around the world. Before long, it was found out that there was a Japanese passenger who survived the tragedy. His name was Hosono Masabumi. He was a 41-year-old public servant born in Tokyo in 1870. He had been delegated to Europe and the U.S. to learn about railroad management there. After he finished his stay in Europe, he was in a second class cabin on his way to the U.S.

Hosono finally came back home, with most of his belongings lost to the sea. At first, people treated him as a hero and asked him to give addresses or receive interviews. But, gradually, the news from abroad started to tell a different story. He was said to have been a coward.

Part 3

細野さんに対して, どのような非難の声があがってきたのでしょうか。

Because of the news from abroad, people came to speculate about Hosono's behavior on the Titanic. The number of male victims from the second-class cabins was 154, while only 14 survived. Having heard this news, people began to wonder how Hosono got one of the few seats on the lifeboat while so many people died.

One British passenger on Lifeboat 13 said, "One Japanese squeezed himself into the boat." Another passenger said, "When I managed to get on the boat, one male was hiding in the boat. He turned out to be Japanese."

　Hosono came to be accused of being a disgrace because he hadn't sacrificed himself, and he lost his job. However, he lived through these accusations without giving any explanations.

Part 4
細野さんの手記などの記録から，どんなことがわかったのでしょうか。
　Examining Hosono's notes and many other records shows a different story. Woken up by the noises of the accident, he went up to the upper deck. But he was somehow pushed back. When he managed to come back to the upper deck again, he found the lifeboats full. He gave up the possibility of surviving.
　Then he heard a sailor saying, "There's room for two more!" One male passenger got on the boat and he followed. The boat was Number 10, not 13. He hadn't squeezed himself in, nor had he been hiding in the boat! Furthermore, the fact was revealed that Hosono volunteered to paddle the boat.
　If he had told what had happened, people might have forgiven him. Hosono didn't give any excuses while alive and he endured all the accusations.

○スピーチを作成させる際に注意したいポイント
　前時，前々時に本文を詳細に読ませ，スピーチ作成のポイントを確認させる。ペアやグループに質問を出し，解答を話し合わせたり，まとめさせたりする。さまざまな考えや答えが考えられるが，どれを正解とするのではなく，全てを認め合いながら意見の交換をさせる。

・He was said to have been a coward.
　→ Why did people come to believe he was a coward?
・One British passenger on Lifeboat 13 said, "One Japanese squeezed himself into the boat,"
　→ Why did one British passenger on Lifeboat 13 say, "One Japanese squeezed himself into the boat?"
・Hosono came to be accused of being a disgrace.
　→ Why was Hosono accused of being a disgrace?
・Hosono didn't give any excuses while alive and he endured all the accusations.
　→ Why didn't Hosono give any excuses while alive?
　→ Why did Hosono endure all the accusations?

7 授業のために事前に準備しておくもの

・スピーチ評価表を作成して配付する

　2年次の終了間際であることより，スピーチにおいてもより高度な評価ポイントとしたい。前回のスピーチでは，アイコンタクトなど基礎基本的な評価ポイントとしたが，今回は内容や英語の流暢さなどに特に注目させたい。評価表の配付時には，評価ポイントを具体的に生徒に示し，適切な評価を下すように注意を促す。

　評価点は1項目5点満点で，合計20点とする。コメント欄には，自分自身と比較して優れている点（自分の発表のヒントとなる）や改善点（相手に注意するほどなので，自分の発表時には，特にその点に注意して発表に取り組むことになる）を記入させるようにする。

Evaluation Seat（例）

Name	主題 内容	構成 まとまり	発音読み	態度	コメント
A					
B					
C					

　生徒の評価表は生徒のブラッシュアップやフィードバックに使用させるだけにとどめず，教師が評価を下す時の参考資料として用いることもできる。

・スピーチを撮影するためのビデオカメラを用意する

　教師が生徒のスピーチを評価しようとする場合，授業中にスピーチを聞きながら評価することはかなり困難を要する。生徒に指示を出したり，注意したり，コメントを出したりと忙しい中でじっくりスピーチを聞くことは難しい。無理に評価すると，生徒間で評価のブレが起こることが考えられる。そこで，ビデオに録画して，放課後等にじっくりとスピーチを聞き，同じ状況下で全ての生徒に評価を下したいものである。

・ICレコーダーも可能

　じっくり映像を見る時間を生み出せない場合には，ICレコーダーで録音し，評価を下すこともできる。ただし，この場合には，生徒の動きや表情等が分からないので，スピーチの中身や英語の話し方などを評価対象にすることになる。全てのポイントで常に評価する必要はないので，スピーチの時々に合わせて利用することにしたい。

8 本時の学習指導案（50分）

時間	生徒の学習活動	教師の指導・支援
挨拶：1分	・挨拶をする。	・挨拶をする。
導入①：4分	・評価シートを1枚受け取る。 ・今回のスピーチの評価ポイントを確認する。	・評価シートを配付する。 ・今回のスピーチの評価ポイントを提示し，ポイントごとに，具体的事例を説明する。 1．主題・内容 　主題や内容が明確で，自分の考えや思いが明確に主張されているか。 2．構成・まとまり 　論理的に構成されており，ストーリー性があるか。 3．発音・読み 　適切な発音で話され，英語も流暢で，聞き手にとって分かりやすくなっているか。 4．態度 　聞き手を意識して，視線やジェスチャーなどに注意して効果的に発表しているか。
導入②：4分	・ペアになって，お互いにスピーチのデモンストレーションを行う。	・ペアで最後のスピーチの読み合わせをさせる。
展開：40分 （❶） （❷）	・順番にスピーチを行う。 ・発表者以外の生徒は，評価シートに記入する。 ・担任のコメントを聞き，自身の発表の参考とする。	・順番にスピーチを開始させる。 ・ビデオまたはICレコーダーで録画・録音する。 ・発表以外の生徒は，スピーチを聞きながら，評価シートに得点とコメントを書かせる。 ・スピーチが1人終わるごとに，簡単なコメントを口頭で行う。その際，以後発表の生徒の参考になるようなものとする。
挨拶：1分	・挨拶をする。	・挨拶をする。次回の生徒に準備を怠らないように注意を促す。

9 授業展開例

❶緊張感を持たせる演出を工夫する

　授業2時間分を利用して生徒全員にスピーチを行わせることになるので、特に生徒たちには緊張感と満足感を味わわせたいものである。普段の教室で普段通りに実施しても、さほど緊張はしないであろうし、満足感など感じさせることもできない。そこで、スピーチごっこではなく、本当のスピーチ大会のように演出することを考えたい。例えば、以下のことが考えられる。

　①授業を行う場所を変える。例えば、普段、教師の会議室となっている広い部屋、音楽室などの階段教室等に移動させて行う。普段慣れた場所とは異なる場所に変わるだけで、生徒は緊張するものである。

　②タイトル幕を部屋前方の上部に貼り付ける。2年1組スピーチ・コンテストなど。

　③教室の後部にビデオカメラをセットする。評価のための設置ではあるが、録画されていることを意識すると、緊張感がさらに増す。ビデオの台数に余裕があれば、発表者の横顔を撮影するために、発表者の横サイドにもう一台設置する。これで、口の開き方などを確認できる。

　④生徒の机の上には、筆記具と評価シート以外置かせない。きれいな場所でのスピーチは、普段と異なった感覚になり、緊張感が増す。

　⑤ICレコーダーを置く際には、発表者の机に置くと、緊張感がマックスとなる。

　⑥時間に余裕のある他の教師（他の英語教師、同学年団の教師）に参加してもらい、同じように評価に参加してもらう。

　⑦教室以外の場所を確保できない場合には、普段の教室を上記の状態に変え、実施することでも十分に緊張感を持たせることはできる。

　⑧なお、緊張のあまり、普段の実力を出し切れない生徒がいる場合には、上記の状況を緩和することにする。

❷生徒からコメントをもらう

　先に、教師側からのコメントの仕方について述べたが、他方、スピーチをした生徒や、聞いていた生徒からコメントをもらうことで、場の雰囲気が和むものである。その場合には、以下の点に注意したい。

　①スピーチし終わった生徒に、座席に戻る間にコメントは求めないようにする。スピーチ直後は多くの生徒は緊張状態が続いており、自分のスピーチを振り返る余裕がないのが普通である。したがって、座席に戻ってから尋ねる方が得策である。

　②聞いていた生徒にコメントをもらう場合には、発表者と人間関係が良好な生徒を指名する方が良い。例え厳しいコメントをしたとしても受け入れられるからである。

10 授業のアイデア＋α

ポイント1　興味付けのために，関連する資料やバックグランドの知識を与える

　今回取り扱う題材は「タイタニック号」である。生徒によっては，全く知識として持ち得ない場合もある。そこで，「あのアカデミー賞作品で，ディカプリオが主演の映画」といったところで，興味も知識もない生徒には無駄な導入となりかねない。いっそ時間が許せば，映画を一本見せてから，本文に入った方が効果的かもしれない。しかし，時間的に余裕がないのであれば，さまざまな資料を提供して興味付けを行わなければならない。

　ここが教師の力量である。いかにアンテナを高く掲げて，生徒が興味を持ちそうな資料を収集するかである。もちろん，時間のない方は教科書会社が作成している指導書（マニュアル）を利用することになるが，書かれていることはごく一部に過ぎない。インターネットや新聞・雑誌には情報がてんこ盛りである。それらを手に入れ，授業で，「さも全てを知っているかのように生徒に語る」ことが授業を円滑にスタートする極意でもある。

　ここでは，タイタニック号が沈没した翌日に出された実際の新聞を生徒に渡すことで，生徒の心をわしづかみにすることができる。実際に起こった話である。しかも，写真や英単語は教科書にあるものと同じ。だまっていても紙面に釘付けになるわけである。また，その紙面をグループで読ませて内容を把握させたり，グループで当日の新聞を創作させたりすることも可能である。いかに，学校の教室から世界や実社会に飛び出させるかである。そのための工夫を日夜厭わないことである。

ポイント2　評価の一考

　今回のように，スピーチを2日間に分ける場合には，一部の生徒が不満を抱くことも考えられる。「後でやった方が練習時間が長く取れる」「1回目の失敗を見て，直すことができる」等々。これを放っておくと，1日目に当たった生徒のやる気を削ぐことにもなりかねない。そこで，2日目の生徒にハンディをつけることが考えられる。つまり，練習時間が長く取れることへのハンディである。例えば，

　①先の評価シートのそれぞれの項目で，1日目の生徒は全て2点以上で5点満点を上限とし，2日目の生徒は1点以上で5点満点を上限とする。
　②1日目の生徒は原稿を持参しスピーチすることができるが（ただし，見てばかりいると点数が下がることは注意しておく），2日目は原稿なしでスピーチをする。
　③2日目の生徒へのコメントは，厳しめに書くこととする。

など，生徒の状況により，さまざまな方法が考えられる。しかし，これにより，1日目の生徒は安心して準備に励み，2日目の生徒は不安感から，より一層準備に励むことになるものである。

（菅　正隆）

| 2年 | Stay Hungry, Stay Foolish ―貪欲であれ，愚かであれ― |

発展編
ライティングを中心にした授業

	学習場面			領域・技能					
	語彙・文法	音読・内容	教科書本文	聞くこと	読むこと	話すこと（やり取り）	話すこと（発表）	書くこと	複数技能統合
主体的な学び					○				○
対話的な学び		○							
深い学び		○						◎	

1 授業のねらい

　2年生となると，自分とは何か，何ができて何ができないのか，明確な答えを持つことができず，進路等に迷いがあったり，悩んだりしている生徒も多い。スティーブ・ジョブズのスピーチは，彼の大学での学びやアップル社での経験に私生活面の経験を織り交ぜて，語られたものであり，高校生にとって生き方や在り方を考えさせられるきっかけとなる内容である。

　この単元では，最終的な目標を「まとまりのある英文を書くことができる」とし，スティーブ・ジョブズの人生に関する3つの話の内容と教訓について理解するとともに，生徒が将来の夢や成し遂げたい目標について考えたり，今後の生き方，在り方を考えたりし，その内容をまとまりのある文章で書けるようにしたい。具体的には，3つの話の中で生徒が印象に残ったことについて，なぜその言葉が印象に残ったのか，その言葉から学んだことでこれからどのように生きていくのかについて書かせる活動につなげたい。

2 授業の題材・教材

　本単元は，次々と革新的な製品を世に送り出してきたアップルのCEO（最高経営責任者）であったスティーブ・ジョブズが2005年にスタンフォード大学の学位授与式で行ったスピーチのエッセンスを分かりやすく抜き出した内容となっている。この時のスピーチは後年，伝説のスピーチとして語られるようになったもので，多くの若者の共感を得る内容になっている。

3 本時の技能別目標

・スティーブ・ジョブズのスピーチの内容と教訓について理解する。(読)
・スティーブ・ジョブズのスピーチの内容を自分の言葉で話すことできる。(話)
・スティーブ・ジョブズのスピーチから学んだことを書くことができる。(書)

4 具体的な評価規準

知識・技能	思考・判断・表現	主体的に学習に取り組む態度
・ターゲットの文法事項の意味や形式について理解し、コミュニケーションの場面で使う技能を身に付けている。	・スピーチの内容から学んだことについて具体例を挙げながら、まとまりのある英文を書くことができる。	・読み手を意識して、分かりやすい表現などを使用して書こうとしている。

5 単元計画(全6時間)

時	ねらい	指導内容のポイント、文法等	評価規準
1	スティーブ・ジョブズが大学を中退した理由などを理解する。	概要の聞き取り、読み取りと【文法事項】複合関係詞	英文の内容を理解し、その内容を英語で話すことができる。
2	「点と点が将来につながる」、という話の内容を理解する。	必要な情報の聞き取り、読み取りと【文法事項】S+V(be動詞)+C(that節)	英文の内容を理解し、その内容を英語で話すことができる。
3	「愛と喪失」の話の内容を理解する。	必要な情報の聞き取り、読み取りをさせる。	英文の内容を理解し、その内容を話すことができる。
4	「死について」の話の内容を理解する。	本文の内容把握と、【文法事項】be動詞+to不定詞	英文の内容を理解し、その内容を話すことができる。
5	第4時の内容の復習と、3つの話で印象に残ったことについて、まとまりのある英文を書くことができる。【本時】	3つの話で印象に残ったことについて書く活動をさせる。	スピーチの内容から学んだことについて具体例を挙げながら、まとまりのある英文を書くことができる。
6	第5時で書いた作品を推敲し、清書する。	まとまりのある英文を書く活動をさせる。	読み手を意識して英文を書こうとしている。

6 使用教科書　　(ELEMENT English Communication II [啓林館] Lesson 2)

Part 4

　My third story is about death. About a year ago, the doctor told me that I was to live only three to six months because I had cancer. Fortunately, I had surgery and I am fine now. From this experience I can now say this to you with a little more certainty: Your time is limited, so don't waste it living someone else's life. Don't let the noise of others' opinions drown out your own inner voice. And most importantly, have the courage to follow your heart and intuition. They somehow already know what you truly want to become. Everything else is secondary.

　When I was young, there was a great publication and on the back cover of their final issue were the words: "Stay Hungry. Stay Foolish." I have always wished that for myself. And now, I wish that for you.
Stay hungry. Stay foolish. Thank you all very much.

　　death　　死
　　fortunately　　幸運なことに，運良く
　　surgery　　手術
　　drown　　（声・音を）かき消す

〈Comprehension〉
1. What is the most important thing Steve wants you to do?
2. Where did Steve see the words: "Stay Hungry. Stay Foolish."?

〈文法〉
be 動詞 + to 不定詞

7 授業のために事前に準備しておくもの

・スティーブ・ジョブズに関する映像資料と,スピーチの映像

　教科書本文はスピーチの内容を抜き出し,難しい表現等はパラフレーズされたものになっている。内容が大幅に変わるものではないため,伝えたい内容を伝えることはできているが,生徒には本当のスピーチを見せたり,原稿を読ませたりしたいものである。使用したい場合は,スタンフォード大学の以下のサイトに動画と用意された原稿があるので,活用すると良いだろう。

'You've got to find what you love,' Jobs says
http://news.stanford.edu/2005/06/14/jobs-061505/

・ライティング活動用のハンドアウト

　以下のようなハンドアウトを準備すると,スムーズに活動を行うことができる。

〈ハンドアウト例〉

---

①スティーブ・ジョブズの3つの話の中で最も感銘を受けたものはどの話ですか。
　I am impressed with the story of _____.

　connecting dots / love and loss / death

②なぜあなたはその話に感銘を受けたのですか。また,この話を今後の生き方にどのように生かしていきたいですか。

③以下の構成であなたが感じたことについて書いてみましょう。
　Paragraph 1 (Introduction): スティーブ・ジョブズについて
　Paragraph 2 (Body): スティーブ・ジョブズのスピーチで感銘を受けた話とその内容
　Paragraph 3 (Conclusion): 感銘を受けた理由(あなたの体験と関連した内容)や,この話を今後の生き方にどのように生かしたいと考えているか。

---

8 本時の学習指導案（50分）

時間	生徒の学習活動	教師の指導・支援
挨拶：1分	・挨拶をする。	・挨拶をする。
復習：5分	・教科書本文（Part 4）の内容に関する質問の答えをペアで考えた後，答える。 ・Part 4の内容を黙読する。	・前時の内容に関する質問をし，その後，テキストを開かせ，黙読して内容を確認させる。 〈発問例〉 ・About one year before his speech, what did the doctor say to him? ・How long did the doctor tell him he was to live?
導入：1分	・本時のめあてを理解する。	・本時のめあてを以下のように伝える。 ・Today, you are going to write a story about how Steve Jobs' speech affected how you want to live your life.
展開①：7分 （❶）	・実際のスピーチの中で，「点と点が将来につながる」という内容の部分を視聴し，その内容についてキーワードをもとに再話（ストーリー・リテリング）活動を行う。	・動画を見せた後，以下のひな形とキーワードを示し，生徒にペアで行うよう指示する。 〈生徒に示すひな形とキーワード〉 ひな形 Steve Jobs talked about "Connecting Dots." When he entered college … キーワード：drop out, whatever class, calligraphy, Macintosh computer
展開②：7分	・実際のスピーチの中で，「愛と喪失」という内容の部分を視聴し，その内容についてキーワードをもとに再話（ストーリー・リテリング）活動を行う。	・動画を見せた後，以下のひな形とキーワードを示し，教師が再話を行った後，生徒にペアで行うよう指示する。 〈生徒に示すひな形とキーワード〉 ひな形 Steve Jobs talked about "Love and loss." When he turned 30, he was fired from … キーワード：devastating, new companies, animation studio, returned

展開③：7分	・実際のスピーチの中で，「死」という内容の部分を視聴し，その内容についてキーワードをもとに再話（ストーリー・リテリング）活動を行う。	・動画を見せた後，以下のひな形とキーワードを示し，教師が再話を行った後，生徒にペアで行うよう指示する。 〈生徒に示すひな形とキーワード〉 ひな形 Steve Jobs talked about "death." About a year before his speech, his doctor told him that ... キーワード：limited, waste, your heart and intuition, inner voice,
展開④：7分	・3つの話のうち，感銘を受けた話はどれか，なぜその話に感銘を受けたのか，その話を聞いてこれからどのような生活を送るつもりかを即興で話し合う。	・以下の発問をし，即興で話し合わせた後，数人の生徒に意見を発表させる。 ・Now you are going to choose one story which impressed you the most. And you will talk about why you are impressed with the story and how that story affects your life.
展開⑤：14分 （❷）	・示されたひな形をもとに，ライティング活動を行う。	・以下のパラグラフ構成を提示し，書かせる。 ひな形 Paragraph 1 (Introduction)：スティーブ・ジョブズについて Paragraph 2 (Body)：スピーチで感銘を受けた話とその内容 Paragraph 3 (Conclusion)：感銘を受けた理由や，この話を今後の生き方にどのように生かしたいと考えているか。
挨拶：1分	・宿題の内容を聞く。 ・挨拶をする。	・宿題として，ライティングの作品を完成するよう指示する。 ・挨拶をする。

9 授業展開例

❶再話（ストーリー・リテリング）活動で生徒自身の言葉で語らせる

再話（ストーリー・リテリング）活動を行う場合，生徒は「正しい英語を話したい」という思いから，教科書をそのまま暗記して話そうとする場合が多い。もちろん，暗唱することも英語の学習では大切なことではあるが，高校の教科書本文を全て暗記するのは不可能であり，再話活動では既習の語彙や文法を使用しながら教科書本文の内容について話す活動であるため，生徒自身の言葉で話したり書いたりするよう指導したいものである。ここでは，具体的に生徒自身の言葉で話す態度を育成する工夫について述べる。

(1)教師によるプレゼンテーション

生徒が活動を行う前に，例として教師が生徒の前で行う。オーラル・イントロダクションの内容が生徒の再話の内容と同じであることが望ましいが，オーラル・イントロダクションの時は，生徒は内容を聞き取ることに集中しているので，教師が使用している言語形式にまで意識させることは難しい。そこで，内容を理解し，音読などの活動を終えた後に，教師が再話の例を見せることがとても大切である。その際，教科書に書かれていない内容も含めたり，定着させたい語彙や，ターゲットとなる文法項目についてはゆっくり，はっきり，大きな声で話したりすると，より効果的である。

(2)使用禁止の語彙を提示

生徒に使用禁止の語彙を提示し，その語を使用せず，内容を再話することも効果的である。何人かの生徒に発表させ，工夫した方法を共有したり比較したりすることで，他の生徒にとっての学びにもなる。

(3)良い例の共有

自分の言葉で話そうとしている生徒に発表する機会を与えることも効果的である。英語が得意な生徒の中には，簡単な英語で話すことに良い印象を持たない生徒もいる。簡潔に，誰にでも分かる表現で表すことが大切であり，評価されることを理解させるためにも，良い例として紹介することが大切である。

❷抽象→具体の流れで文章を書くことを意識させる

今回のライティング活動は，生徒が感銘を受けた内容について，"connecting the dots"，"love and loss"，"death"等，抽象的な内容で表しその具体的な内容を書く流れになっており，自然と抽象→具体の流れで書くことができる形になっている。生徒が活動を終えた後，生徒にこの流れで英語を話したり書いたりすることが大切であることを伝え，理解させたいものである。

10 授業のアイデア＋α

ポイント　Authentic な教材を使用する

　生徒は教科書を使用して英語を学ぶが，教科書本文は以下のように作成されている。
　①本や雑誌，インターネットの英文を簡略化して作成している。
　②内容をはじめから著作者が書き下ろしている。

　①については，その原文を探し，それらを生徒に見せることで，実際の英語使用に触れさせることができる。また，②であっても，関連する資料等を英語で読ませることができるだろう。今，海外の書籍を購入することが容易になり，インターネットを使用すれば英語を勉強することが以前と比較して随分容易になっている。原文を生徒に提示したり，動画を使用したりすることで，教科書の題材により興味関心を持たせることが可能になるだけでなく，生徒が自立して学習する方法を知ることにもなる。教師が調べて準備したものについては，その出典を生徒に示すとともに，関連する内容については一覧表にして生徒に配付するなどして，興味を持った生徒がすぐにアクセスできるようにすると良いだろう。

　以下の Web サイトは教科書の内容を深めるために有効な動画である。

(1) Wiliam Kamkwamba: How I built a windmill

　　https://www.ted.com/talks/william_kamkwamba_on_building_a_windmill#t-57558

　William Kamkwamba は，わずか14歳で図書館の本などを参考にして，有り合わせの部品を用いて家族のために発電用の風車を作った。上記のサイトでは，彼に対するインタビューの様子を見ることができる。彼の英語は流暢なものではないが，外国語として英語を学ぶ生徒にとって，模範となるものである。

(2) William Kamkwamba: How I harnessed the wind

　　https://www.ted.com/talks/william_kamkwamba_how_i_harnessed_the_wind

　William Kamkwamba が22歳の時に行ったスピーチを聞くことができる。以前のインタビューより英語が流暢になり，当時の様子を話している姿を見ることができる。堂々とスピーチをする姿は，生徒の模範となるだろう。

(3) The fringe benefits of failure

　　https://www.ted.com/talks/jk_rowling_the_fringe_benefits_of_failure?language=ja

　ハリー・ポッターの著者である，J.K. Rowling が2008年にハーバード大学の卒業式で行ったスピーチである。「失敗がもたらす恩恵」と「想像力の重要性」について，ウィットに富んだ言い回しで，卒業生に熱く語りかけている。スティーブ・ジョブズのスピーチを聞いた後，彼女のスピーチを見せ，その内容を比較検討し，共通して語りかけていることと，異なることを生徒に見つけさせる活動を行うこともできる。彼らのスピーチを見ることで，言葉の持つ力を実感させたいものである。

（松下　信之）

| 2年 | Life in a Jar ―瓶の中の命― |

発展編
スピーキングのやり取りを中心にした授業

	学習場面			領域・技能					
	語彙・文法	音読・内容	教科書本文	聞くこと	読むこと	話すこと (やり取り)	話すこと (発表)	書くこと	複数技能統合
主体的な学び					○				
対話的な学び	○		○						○
深い学び		○				◎		○	

1 授業のねらい

　高校の教科書の英文では，ある人物や出来事について書かれている場合が多い。そのような文章を読む際，登場人物がなぜその行動に至ったのか，会話があったとしたらどのような会話がなされたのか，本文には含まれていない内容について，時代背景や人間関係を考慮しながら考え，想像しながら読む必要がある。まずは，ペアやグループで当時の状況などを考慮しながら登場人物の発話等について思考する時間を設定することで，深い内容理解につなげ，その後，行間の部分を実際に即興で演じさせてみることで，実際の英語使用の場面を設定し，本文で学んだ英文や既習の語彙や文法を駆使しながら英語を発話する機会を与える。最後に，それぞれの発話の内容を振り返り，話した内容を書かせる。使用した英語を客観的に振り返る時間を設定することで，今後の学びにつなげたい。

2 授業の題材・教材

　この教材は，ポーランド人のイレーナ・センドラーが第二次世界大戦中，ゲットーに収容されているユダヤ人の子供たちを救った話である。当時のゲットーの悲惨な状況，イレーナたちが困難な中，子供たちを救い出す場面，子供たちと両親を戦争後に再会できるよう，瓶の中に子供たちの情報を入れ，隠していたこと，また，彼女の功績は戦後知られていなかったが，アメリカの高校生が見出した，ということについて書かれている。

3 本時の技能別目標

・イレーナ・センドラーがユダヤ人のために行ったことについて理解することができる。(読)
・教科書本文の内容を既習の語彙や文法を使い,話すことができる。(話)
・イレーナと母親の会話を即興で演じることができる。(話)

4 具体的な評価規準

知識・技能	思考・判断・表現	主体的に学習に取り組む態度
・ターゲットの文法事項の意味や形式について理解し,コミュニケーションの場面で使う技能を身に付けている。	・既習の語彙や文法を使い,教科書の内容について話すことができる。 ・イレーナと母親の役になり,即興でやり取りをすることができる。	・ペアワークにおいて,協力しながらディスカッションを続けている。

5 単元計画(全7時間)

時	ねらい	指導内容のポイント,文法等	評価規準
1	イレーナがユダヤ人を救うことにした経緯を理解する。	概要の聞き取り,読み取りをさせる。	英文の内容を理解し,その内容を英語で話すことができる。
2	イレーナがユダヤ人のために行ったことを理解する。【本時】	必要な情報の聞き取り,読み取りと即興でのやり取りをさせる。 【文法事項】完了形の受動態,分詞構文	英文の内容を理解し,その内容を英語で話すことができる。ペアで即興のやり取りを行うことができる。
3	イレーナが警察につかまってから解放されるまでの経緯を理解する。	必要な情報の聞き取り,読み取りをさせる。	英文の内容を理解し,その内容を英語で話すことができる。
4	イレーナの後悔について理解する。	必要な情報の聞き取り,読み取りをさせる。	英文の内容を理解し,その内容を英語で話すことができる。
5〜7	イレーナの行動や考え方の中で最も感銘を受けたことについてまとめ,書くことができる。また,スピーチを行う。	まとまりのある英文を書く活動 聞き手に伝わるようスピーチを行わせる。	イレーナの生き方から学んだことについて具体例を挙げながら,まとまりのある英文を書くことができる。

6 使用教科書　　　(ELEMENT English Communication II [啓林館] Lesson 4)

Part 2

　They realized that telling parents to part with their children was a horrible task. In later life Irena remembered the sad faces of Jewish mothers having to be separated from their children. "We saw terrible scenes. Sometimes fathers agreed, but mothers didn't. We had to leave those unfortunate families without taking their children from them. I'd go back there the next day and often found that everyone had been taken to the death camps."

　The fortunate children were taken out in potato sacks or coffins. Others were buried in goods. Separated from their parents and given new names, those children were taken to families and religious groups willing to help and risk their own lives. Older children were taught Christian prayers, so that their Jewish heritage would not be noticed.

　Not wanting to lose their family records, Irena kept lists of the names of all the children she saved. She was hoping that she could one day reunite them with their families.

horrible　恐ろしい，とてもいやな，つらい
task　仕事，任務
A is separated from B　AがBと引き離される
coffin　ひつぎ
bury　埋める
religious　宗教の
risk　危険にさらす，危険を冒す
prayer　祈り（のことば）
heritage　（生来の）地位，境遇
reunite　再会させる

〈Comprehension〉

1. What was the problem when Irena tried to take children to a safer place?
2. How did Irena take children out of the Ghetto?

〈文法〉ターゲットとなる文法事項はなし。

7 授業のために事前に準備しておくもの

・再話（ストーリー・リテリング）活動で使用するハンドアウト

　即興でのやり取りを行う時間を確保するために，オーラル・イントロダクションで使用した画像などを使用し，再話活動用のハンドアウトを用意しておく。

Story Retelling 〈授業配付物・裏面〉

① a horrible task

イレーナと子どもの母親が話している写真

② the unfortunate families

ユダヤの人々が収容所へ送られている写真

③ the fortunate children

じゃがいもを入れる袋や棺桶の写真

④ the fortunate children

ユダヤの子どもたちの写真

ユダヤの人々をかくまうことを禁じることを告げている紙の写真

⑤ family records
→ the list of the names of all the children

高校生の劇の中でイレーナ役の生徒が瓶に名前の書かれた紙を入れている写真

・即興でのやり取りを行う会話のひな形

　生徒がやり取りを行う際，以下のように会話の始めと最後の表現を決めて提示しておくと，スムーズに活動に入りやすい。

Irena (student A)：May I talk to you in private?
　　　　　　　　　Your children need to be taken out of here.
Parent (student B)：My children?　Why?

　　　　　　　　　⋮　　　　　　　この部分の会話を即興で行う。

Parent (student B)：Okay.　You can take my children.

8 本時の学習指導案（50分）

時間	生徒の学習活動	教師の指導・支援
挨拶：1分	・挨拶をする。	・挨拶をする。
復習：2分	・教科書本文（Part1）の内容に関する質問の答えをペアで考えた後，答える。	・前時の内容に関する質問をし，答えさせる。 〈発問例〉 ・What did Irena do to help Jewish people? ・What did she and her colleagues find out about Jewish people in the Ghetto?
導入：4分	・イントロダクションの内容と読むポイントを理解する。	・本時の前半部分のイントロダクションと，読むポイントを与える。 〈読むポイントとして与える質問〉 ・How were the children taken out of the ghetto? ・After the children were separated from their parents, who took care of them? ・Children were taught something so that their Jewish heritage would not be noticed. What was it?
展開①：10分	・黙読した後，教師からの質問に答える。	・生徒が本文を読んだ後，導入で与えた読むポイントについて質疑応答をしたり，本文内容について英語で補足説明をしたりする。その際，以下のように，行間の内容を問うような発問を行うことで，本文の内容理解を深めるよう務める。 〈発問例〉 ・Do you know what "coffin" means? （ひつぎの写真を見せながら）These are coffins. They hid children in coffins and took them out of the ghetto. Isn't it strange? You don't see coffins every day. Why did Irena and her colleagues used coffins to take children out of the ghetto? Discuss it with your partner.

展開②：14分	・モデル・リーディングを聞く。 ・教師の後に続いて音読をする。 ・ペアになり，動詞の形を変えたり，空所を補充したりしながら音読を行う。	・モデル・リーディングを行う。 ・教師の後に続いて音読をさせる。その際，発音などで注意するポイントについては説明をする。 ・ペアで音読活動を行った後，共通して間違いのあったところや，質問のあったところについて解説を行う。
展開③：8分 （❶）	・教師の再話の例を聞く。 ・写真やキーワードを見ながら本文内容について話す。 ①個人での練習 ②ペアで1人の生徒が話し，もう1人の生徒は聞きながら，理解できれば頷き，困難な点があればヒントを出すなどする。 ③教科書や辞書を使い，話した内容や使用した語彙や文法について話し合う。 ④役割を交代し，もう1人の生徒が内容について語る。	・例としての再話を行う。 ・個人で練習するよう指示する。 ・ペアで再話活動を行うよう指示する。 ＊活動を行う際，以下のことを指示する。 ・教科書本文そのままではなく，自分の言葉で話す努力をする。 ・聞き手は話し手が話しやすくなるよう，理解できていることを示したり，相槌を打ったりするなど，聞き手の役割を果たす。 ・使用した語彙や文法の使い方にこだわり，正しく使用できたかどうか辞書等を使用して確認する。
展開④：10分 （❷）	・ペアでイレーナ役，母親役に分かれる。 ・別のペアの同じ役割をする生徒とどのような内容になるか話し合う。 ・元のペアに戻り，即興で会話を行う。 ・代表者が前で発表する。	・右側に座っている生徒がイレーナ，左側に座っている生徒が母親の役をすることを伝える。 ・演じる前に，同じ役をする生徒同士でどのような会話が行われたか，話し合うよう指示する。 ・元のペアに戻り，即興で演じるよう指示する。 ・イレーナ役の生徒から1人，母親役の生徒から1人を選び，即興で教室の前で演じさせる。
挨拶：1分	・宿題の内容を聞く。 ・挨拶をする。	・アメリカの生徒が行った劇中で，本時で扱った場面について，どのように演じられたのか，スクリプトを読んで理解するよう指示する。 ・挨拶をする。

9 授業展開例

❶生徒主体で行う活動後の振り返り

Swain（1995）によると，第二言語習得におけるアウトプットの効果は以下のように言われている。

①気付き機能（「自分が伝えたいこと」と「自分が言えること」のギャップに気付くこと。）

②仮説形成・検証機能（すでに持っている語彙知識，統語知識，音韻知識をもとに形成した英文（仮説）が話したり書いたりすることで正しいかどうかを検証すること。）

③メタ言語的機能（②のような仮説検証を通して，文法的な言語処理を促すこと。文法に関して意識を向けるようになると指摘している。）

そのため，生徒が既習の語彙や文法を使用し，英語を話したり，書いたりしたら，生徒自身で言語形式に焦点を当てて振り返ることが非常に大切である。ストーリー・リテリングや自己表現活動を行った後，ペアで，言いたかったけれども言えなかったことについて相談したり，語彙や文法の使用方法は正しかったのかを振り返ったりする時間を確保しなければならない。特によく使用される基本的な語彙であるほど，その使用方法について辞書等を使用して，振り返るよう促すことが大切である。

❷即興でやり取りを行う活動

即興でやり取りを行う場合，すぐに生徒にやり取りをさせても多くの生徒は戸惑ってしまい，諦めてしまう場合も多いだろう。そのため，以下のように，まずは生徒同士で想定されるやり取りを相談する時間を確保すると，スムーズに活動に入ることが可能となる。

〈生徒の活動形態〉

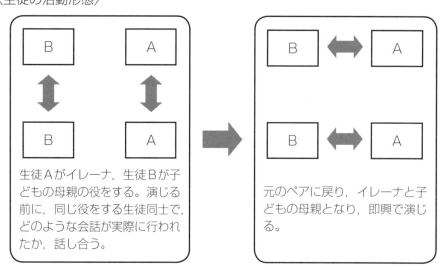

生徒Aがイレーナ，生徒Bが子どもの母親の役をする。演じる前に，同じ役をする生徒同士で，どのような会話が実際に行われたか，話し合う。

元のペアに戻り，イレーナと子どもの母親となり，即興で演じる。

10 授業のアイデア＋α

ポイント1　家庭学習を充実させる

　家庭学習を充実させるためには，まず家庭でやるべきことを明確にし，全ての生徒が何をどのようにすれば良いかが分かる状況を作ることが大切である。例えば，以下のような復習の仕方を提示し，実際に授業の中で復習を行う練習をすることが効果的である。

〈家庭学習の例〉

　①教科書を開き，もう一度教科書本文を黙読して，内容が理解できているか確認する。
　②CDの音声を聞き，発音などを確認する。
　③教科書を音読する。（個々の単語の発音やアクセント，意味の区切りを意識しながら音読したり，オーバーラッピングやシャドーイングを行ったりする。）
　④ハンドアウトのキーワードや写真をもとに，本文の内容を自分の言葉で話す。（再話活動）
　⑤再話活動で話した内容をノートに書き，使用した英語について教科書や辞書を使用して振り返る。

ポイント2　聞き手を育成する

　生徒同士がやり取りを行うことができるようになるためには，聞き手としての態度を育成することが重要である。音読活動や再話（ストーリー・リテリング）活動をペアで行う際から，聞いている側の生徒が，相手が読んだ内容や発話内容に応じて相槌を打ったり，質問をしたりする練習をする機会を取り入れると良いだろう。具体的な練習方法を以下に挙げる。

(1)相手の言うことをリピートする

　ペアで片方の生徒が再話活動を行う際，聞き手の生徒が話し手の発話をリピートするよう指示する。その際，可能な限り代名詞を使用してリピートするよう意識させる。

　　生徒A：Irena kept lists of the names of all the children she saved.
　　生徒B：Oh, she kept lists of the names of all the children she saved.

(2)疑問文の形で相槌を打つ

　以下のように，疑問文の形で相槌を打つ練習を行う。全ての発言をこの形で行うことは不可能なので，いくつかの英文を提示し，相槌を打つ練習を行うと良いだろう。また，相手の発言に驚いた時は上昇調，確認のために相槌を打つ時は下降調で話すことを確認しておきたい。

　　生徒A：Irena kept lists of the names of all the children she saved.
　　生徒B：Oh, did she?

(3)その他の相槌について

　Oh, really? I see. That's a lot. That's nice. など，相槌で使用できる表現についても，教師と生徒とのやり取りの際，教師が使用することで生徒に紹介したい。

　　　　　　　　　　　　　　　　　　　　　　　　　　　　　　　　（松下　信之）

3年 The Secret Annexe—アンネの日記と隠れ家—

基礎編
ライティングの発表を中心にした授業

	学習場面			領域・技能					
	語彙・文法	音読・内容	教科書本文	聞くこと	読むこと	話すこと(やり取り)	話すこと(発表)	書くこと	複数技能統合
主体的な学び									
対話的な学び		○				○	○		
深い学び		○			○			◎	

1 授業のねらい

　単元としては，世界中であまりにも有名なアンネの日記を扱う。その中で弱者の苦しみを理解させるとともに，平和についても理解させたい。特に，現在の日本が置かれている状況や，日本の高校生の生活と当時のアンネの育った時代の子供たちとを比べ，今の高校生はこのままの状態で良いのか，もっと高校生が平和についてできることがあるのではないかなど，さまざまな平和についての考えを巡らせ，ディスカッションまでもっていきたい。

　本時は本文の最後のパートであることから，当時の時代背景を理解させながら，書かれた日記や説明について理解させ，英文に託されているアンネの心の動きに特に注目させ，読み取らせていきたい。

　そして，最後には，生徒がアンネになり代わって日記を書き，グループで寸評し合わせることにする。

2 授業の題材・教材

　本単元は，第二次世界大戦下，オランダのアムステルダムで暮らすアンネ・フランクの生活と，その当時のアンネが綴った日記とをストーリーとしてまとめたものである。

　英文で書かれたアンネの生活と日記を合わせることで，臨場感が伝わり，感情を込めて音読ができる内容となっている。

3 本時の技能別目標

・日記の部分を感情を込めて読み聞かせることができるようにする。(読)
・周りの状況やアンネの気持ちを推察して,アンネになり代わって日記を創作できるようにする。(書)

4 具体的な評価規準

知識・技能	思考・判断・表現	主体的に学習に取り組む態度
・日記の特徴を理解し,語彙・表現,文法の知識を用いて,日記を書く技能を身に付けている。 ・時代背景を理解し,英文を読み取る技能を身に付けている。	・日記に託して,自分の考えや思いを,効果的に表現している。 ・作者の置かれている状況や気持ちを推察しながら,書かれている内容を理解している。	・創作した日記を,聞き手を意識しながら,感情を込めて読み聞かせている。 ・英語やその背景にある文化や状況を理解して,主体的に英文を読もうとしている。

5 単元計画(全7時間)

時	ねらい	指導内容のポイント,文法等	評価規準
1	アンネの日記が書かれた背景を知る。	単元全体のイメージを持たせる。感情を込めた日記の朗読を聞く。	聞いた内容を理解し,日記を感情を込めて読んでいる。
2	アンネの生活について,内容を知る。	日記の特徴を確認させる。感情を込めて日記を読み聞かせる。	日記に込められている想いを理解している。
3	隠れ家での時間の流れを知る。	ストーリーを確認させる。感情を込めて日記を朗読させる。	感情を込めて日記を読んでいる。
4	アンネの隠れ家での生活を知る。【本時】	感情を込めた日記を書かせる。アンネになり代わり,日記を創作させる。	状況を理解し,感情を込めた日記を創作している。
5	単元全体の概要を確認する。	単元全体を通して読み,課題意識を持たせる。	平和について,自分の思いや考えを持っている。
6	新出単語,文法事項の確認をする。	ディスカッションの準備をさせる。	ディスカッション用の英文を作成している。
7	本文をもとに,討論をする。	グループで,平和について話し合わせる。	自分の考えや思いを聞き手に伝えられている。

6 使用教科書　(NEW ONE WORLD Communication Ⅲ ［教育出版］ Lesson 6)

Part 3
アンネのこれからはどのようになっていくのでしょうか。

> Why do grownups quarrel so easily, so much, and over the most idiotic things? Up till now I thought that only children squabbled.
> 　　　　　　　　　　　　　　　(28 September 1942)

　Anne also found her "new" life difficult. She had lost everything: her friends, her school, her freedom …. Sometimes she was rebellious and sad, and at night she often cried.
　Anne felt truly alone and misunderstood. Her diary had become a really good friend.
　Most of the time life in the Secret Annexe was boring, but there were also moments of great excitement and great fear. One evening the bell suddenly rang loudly at eight o'clock. Everyone was terribly frightened. Was it the German police, the Gestapo? Was it the end? Everyone hoped there was no more fright ….
（教科書の本文はここで終了する）

○本時の新出単語は以下の通り。

・grownup(s)　・quarrel　　　・idiotic　　　・squabble
・freedom　　・rebellious　　・moment(s)　・excitement
・loudly　　　・frighten(ed)　・Gestapo　　・fright

○イディオムは以下の通り。

・up till〜　　・no more

○脚注は以下の通り。

・Gestapo：ゲシュタボ（ナチスドイツ時代の秘密国家警察）

7 授業のために事前に準備しておくもの

・日記文を創作させるにあたって，事前にアンネの文を読ませるとともに，日記を書くための情報を与える

(1) 12 June 1942（日記はここから始まります）

> I hope I will be able to confide everything to you, as I have never been able to confide in anyone, and I hope you will be a great source of comfort and support.

(2) 20 June 1942（自己紹介文です）

> My father, the most adorable father I've ever seen, didn't marry my mother until he was thirty-six and she was twenty-five. My sister Margot was born in Frankfurt am Main in Germany in 1926. I was born on 12 June 1929. I lived in Frankfurt until I was four.

(3) 情報を知らせる
・アンネたちは1942年7月に隠れ家で生活を始める。
・他の家族も一緒に生活を始め，総勢8名であった。
・隠れ家での生活は約2年間に及ぶ。
・1944年8月4日にナチス親衛隊に発見され，強制収容所に移送される。

(4) 課題

> アンネが隠れ家で暮らすようになってから数か月。その時に書いた文を，教科書本文を参考に30語程度で書きなさい。

・日記帳となる用紙を用意する

　学校の印刷室にある用紙では興ざめである。以下のような少し厚手で一筆箋のような用紙を用意する。書きたいと思わせるために，何事も雰囲気や環境を整えることが大切である。

8 本時の学習指導案（50分）

時間	生徒の学習活動	教師の指導・支援
挨拶：1分	・挨拶をする。	・挨拶をする。
導入①：5分	・パワーポイントで，新出単語を確認する。 ・意味を確認する。	・新出単語をパワーポイントで提示し，発音，意味を確認させる。 ・パワーポイントは単語の提示時間を調節し，集中して取り組めるように工夫する。 ・単語の意味は，状況に応じて日本語であったり，他の易しい英語や表現に置き換えたりして，必ず説明しておく。
導入②：5分	・本文のモデルを聞く。 ・ALTの後について音読をする。	・教科書本文の音読のモデルを示す（教師，CD等）。 ・ALTとのTTの場合には，ALTの後について音読させる。
展開①：14分 (❶)	・本文の内容についての解説や要約を聞き，本文を理解するように努める。 ・意味の分からない箇所，内容が把握できない部分については教師に質問する。 ・質問に対する解答をノートに書く。 ① Because they could be found and arrested at any time by the German Police, the Gestapo. ② She lost her friends, her school, her freedom .... ・解答を採点し，解説を聞き，間違った箇所を確認する。	・本文の要約を伝えながら，本文の内容を英語で解説する。 ・分からない点，もう一度説明が欲しい箇所等について尋ねる。 ・生徒が分からないと言った箇所について，再度詳しく説明する。 ・本文の内容に関するQ＆Aを行う。 例えば，以下のような質問をする。 ① Why was everyone terribly frightened? ② What did Anne lose in her new life? For example? ・Q＆Aの解説を行う。

展開②：8分 (❷)	・本文のモデルを再度聞く。 ・モデルに合わせて，フレーズ・リーディングする。 ・日記の部分を音読練習する。 ・日記の部分をお互いに読み聞かせをする。	・教科書本文の音読のモデルを再度示す（教師，CD 等）。 ・モデルに合わせて，内容を確認しながら，フレーズ・リーディングさせる。 ・日記の部分を再度口頭で練習させる。 ・ペアになり，日記の部分をお互いに読み聞かせをさせる。
展開③：16分	・アンネになり代わって，日記をノートに創作する。 ・辞書を駆使して，英文を創作する。 ・用紙を受け取る。 ・用紙に清書する。 ・グループで，1人ずつ発表し合う。 ・グループ内で優れていたものを選び，代表としてクラス全体に発表する。 ・コメントを聞く。	・本文に続く内容の文を，アンネになり代わって，ノートに創作させる。 ・辞書で確認できない単語については，教師に尋ねてもよいこととする。 ・日記の用紙を配付する。 ・用紙に清書させる。 ・出来上がったことを確認した後，グループで1人ずつ発表させる。 ・グループ内でよく書けていたものを，クラス全体に発表させる。ただし，発表者は創作した生徒に限る必要はない。状況により，創作者と発表者は別の生徒でもよい。 ・発表の中身についてコメントする。 ・生徒の作品を回収し，後に，教室の後部の壁に貼ったり，冊子として，次回の授業で配付したりして，必ず生徒が目にすることのできる環境をつくる。
挨拶：1分	・挨拶をする。	・挨拶をする。 ・討論に向けての，情報収集を行うように指示しておく。

9 授業展開例

❶本文の内容を理解させるために，本文の要約を聞かせる（これは，後の日記創作の手がかりにもなる）

　・Anne was very unhappy since she moved to the Annexe, because she lost lots of important things, like friends and freedom.

- Anne was very lonely and started writing a diary and she wrote her true feelings in the diary.
- Although their life in the Annexe was basically boring, they were scared of being caught by the Nazis all the time.
- Finally, a really frightening thing happened and they were all caught be the Nazis.

❷音読の際のフレーズ・リーディングを習慣付けるために，毎回確認する

> Why do grownups quarrel so easily, so much, / and over the most idiotic things? // Up till now / I thought that only children squabbled.//
>
> (28 September 1942)//

Anne also found her "new" life difficult.// She had lost everything:/ her friends, her school, her freedom….// Sometimes she was rebellious and sad, / and at night she often cried.//

Anne felt truly alone and misunderstood.// Her diary had become a really good friend.//

Most of the time / life in the Secret Annexe was boring,/ but there were also moments of great excitement and great fear.// One evening the bell suddenly rang loudly at eight o'clock.// Everyone was terribly frightened.// Was it the German police, the Gestapo?// Was it the end?// Everyone hoped there was no more noise.//

このようなフレーズ・リーディングは入学当初に指導し，それを習慣として常に英文を早く正確に読むために必要な技能として定着しておきたいものである。他に，入学当初に指導しておきたい技能は，以下のようなものが考えられる。

①主語＋動詞をすぐに見つけ出せる技能

②マッピングの技能（図式化して文章の内容を把握するため）

③トピックセンテンスを見つけ出す技能（主題となっている文を見つけるため）

④代名詞の中身を即座に見つける技能

⑤比較・対象の状況を即座に理解する技能

⑥原因と結果が明らかに分かる技能（原因と結果を明確に説明できる技能）

⑦時間の流れ，列挙，例示が分かる技能

10 授業のアイデア＋α

ポイント　教科書をどのように活用し展開するか

「教科書を教えるのではなく，教科書で教える」という話をよく耳にする。これは，教科書の字面をそのまま教えるのではなく，教科書を活用して，さまざまな教え方をして，生徒の思考力・判断力・表現力を向上させることが重要であるということを述べているのである。確かに，教科書を教えても楽しくもなく，英語能力も向上しないのは先代からの言い伝えである。それでは，教科書をどのように使いこなせばよいのであろうか。今回の単元を参考に考えてみたい。例えば，以下のようなことが考えられる。

〈スピーチ〉

・アンネ・フランクの生涯について思うこと。
・もし，アンネ・フランクが生き長らえていたら，どのような人生を送っていたであろうか。
・もし，自分がアンネ・フランクだったら，日記以外の楽しみを何に求めていたか。

〈ディスカッション〉

・今，我々はどのような形で世界の平和に寄与できるか。
・もし，自分がアンネ・フランクと同じ境遇に生まれていたらどうするか。
・アンネ・フランクの生涯を日本でどう広め，どう後世に伝えていくか。

〈プレゼンテーション〉

・ユダヤ人迫害に寄与した人々について。
・杉原千畝の偉業。
・ナチスドイツの行った暴挙について。

いくらでもテーマは考えられる。しかし，これをどのような形で授業に落とし込んでいくか。そのためには，緻密な計算がいる。それらを成功させるためには，以下の点を押さえておく必要がある。

①単元に入る前に，授業のシミュレーションをしておく（授業の流れを確認しておく）。
②必要な資料・教材を用意しておく。
③生徒に意識付けをするために，単元導入時に，単元の最終目的と最終活動（例えば，プレゼンテーション）の内容を伝えておく。その際の評価のポイントも早々に提示しておく。
④生徒に，最終活動のための情報収集をさせておく。情報収集の方法が分からない生徒には支援をする。
⑤十分に準備する時間を確保する。
⑥緊張感を持たせるために，ビデオやICレコーダーで録画・録音をする。
⑦次の活動につなげるために，評価を各自に公開する。

（菅　正隆）

3年　Ancient Rome—文化的に豊かな生活を送るローマ人—

基礎編
複数技能統合の授業

	学習場面			領域・技能					
	語彙・文法	音読・内容	教科書本文	聞くこと	読むこと	話すこと（やり取り）	話すこと（発表）	書くこと	複数技能統合
主体的な学び		○						○	
対話的な学び					○	○	○		
深い学び		○		○					◎

1 授業のねらい

　本単元は，古代ローマ人が現代と比較しても精神的に豊かな生活を送っていたことを知り，我々の生活を振り返りながら，1人の人間として，理想的な生き方とは何かについて，考えさせる課としたい。高校生にとっては，これから大学，就職とさまざまな人生の岐路に立つことになるが，人間らしい生き方とは何かをローマ人の生活から感じ取れたら幸いである。

　また，本文を読む中で，ローマ人の日常生活に焦点を当て，内容を聞き取りながら，その生活スタイルをグラフ化していき，自らの生活と照らし合わせることで，さまざまな考えに及ぶと考えられる。

　また，単元終末には，ローマ人の生活と現代の人々の生活との比較をしながら，グループでディスカッションをしたり，ペアでローマ人と現代人になり代わって，「どちらが優れているか」のテーマで話し合わせることとしている。

2 授業の題材・教材

　本単元は，さまざまな資料をもとに，古代ローマ人の生活や豊かな精神性についてまとめ上げたものである。映画『テルマエ・ロマエ』を入り口として，公衆浴場から食事，娯楽に至るまで，現代でも共通する生活の一部がオーバーラップする内容としている。これは，生徒が自分自身の生活を見直すことができるように仕組んだものである。

3 本時の技能別目標

・ローマ人の日常生活のパターンを聞き，グラフにまとめることができるようにする。（聞）
・ペアの日常生活を尋ね，グラフにまとめることができるようにする。（話：やり取り）

4 具体的な評価規準

知識・技能	思考・判断・表現	主体的に学習に取り組む態度
・時間の尋ね方や答え方について，語彙や表現の知識が身に付いている。 ・時代背景や状況を理解して，英文を読み取る技能を身に付けている。	・前時に学習した時代背景をもとに，目的を持って，適切に聞いている。 ・取り出したい情報や知りたい情報を，的確な表現を用いて，正確に得ている。	・英語やその背景にある文化や歴史など多様な物事に対する考えを深め，積極的に英語を読んだり話したりしている。 ・他者を尊重しながら，積極的に情報を収集しようとしている。

5 単元計画（全7時間）

時	ねらい	指導内容のポイント，文法等	評価規準
1	古代ローマの歴史を知る。	単元全体のイメージを持たせる。本文を的確に音読させる。	英語で時代背景や歴史を理解している。
2	古代ローマ人の日常生活を知る。【本時】	古代ローマ人の生活パターンを確認させる。ペアで生活時間を確認させる。	的確に情報を得たり，情報を得るための的確な表現を用いたりしている。
3	テルマエ・ロマエについて知る。	テルマエ・ロマエを理解させる。本文を的確に音読させる。	英文でテルマエ・ロマエについて理解している。
4	古代ローマの風呂事情について知る。	現代日本と比較させる。本文内容を的確に理解させる。	歴史考察，状況を理解し，的確に内容を理解している。
5	単元全体の概要を確認する。	単元全体を読み通して，自身の生活について課題意識を持たせる。	自分の生活を英語を使って見直している。
6	新出単語，文法事項の確認をする。	さまざまな情報を収集させる。	次時に活用する情報をたくさん収集している。
7	本文をもとに，ペア，グループで討論をする。	ペアで意見をたたかわせる。グループで，古代ローマ人と現代人の生活について話し合わせる。	自分の考えや思いを聞き手に伝えられている。相手の考えを的確に理解している。

6 使用教科書 （NEW ONE WORLD Communication Ⅲ [教育出版] Lesson 8）

Part 1 （前時の学習内容）
およそ2000年前の人々の様子を想像してみましょう。

　We have a lot of historical materials on lifestyles in ancient Rome. Look at the pie chart below. It shows how a Rome citizen spent a day. About 2,000 years ago, in the capital of Rome, which enjoyed unprecedented prosperity in history, there were a lot of high-rise apartment buildings, paved roads, and even public flush toilets. In Japan, which was in the Yayoi period at that time, people lived in pit dwellings, growing rice. There was no system or organization as a nation yet. So how did the Romans live in those days?

Part 2 （本時の学習内容）古代ローマ人はどのような生活を営んでいたのでしょう。

　The ancient Romans got up around 6:00 when the sun rose, after that they had a light breakfast of bread, honey, and milk. Around 7:00 children left home for school and adults began their work for the day. At that time, it was thought a good idea to work for several hours from morning to noon. At noon, they finished up their work and then it was time for leisure. First, they had lunch at a café called a "bar." For lunch, they had wine, eggs, olives, or salted sardines. After lunch, they spent time watching wild animal fights or the gladiators' matches in the Colosseum, or enjoying plays in the theaters. After that they went to public baths and spent a long time there. Around 5:00 in the evening, they went back to their houses and had a moderate supper. They finished it before the sun set completely. Finally, they went to bed shortly after dark.

○本時の新出単語は以下の通り。
　・honey　　　・ideal　　　・cafe　　　・bar　　　・sardine(s)
　・gladiator(s)　・Colosseum　・moderate　・supper　・shortly

○イディオムは以下の通り。
　・at that time　・leave ~ for …　・finish up

○脚注は以下の通り。
　・ancient Rome：古代ローマ　・in history：史上
　・the Yayoi period：弥生時代　・bar：バール（イタリアのカフェ）

7 授業のために事前に準備しておくもの

・聞き取って，ローマ人の日常生活を記入する円グラフを用意する

〈生徒が書き入れる円グラフ〉

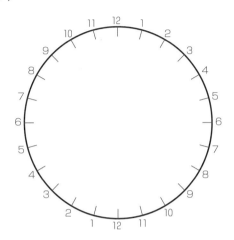

〈解答の円グラフ〉

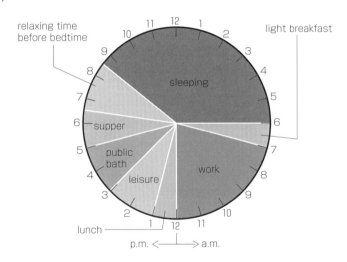

・**ローマ人の生活が分かる写真，映像を用意する**

　英文だけでは別世界の話と感じ，真剣に取り組もうとしない生徒も出てくると思われる。そこで，生徒の生活に密着している写真や映像を用意する。インターネットなどにはたくさん載せられている。例えば，以下のようなものがある。

　①衣服，装飾品等（ネックレス，指輪，ピアス等）
　②食べ物，食器類等（パン，皿，カップ等）
　③住宅，風呂，トイレ（水洗トイレ，サウナ等）

8 本時の学習指導案（50分）

時間	生徒の学習活動	教師の指導・支援
挨拶：1分	・挨拶をする。	・挨拶をする。
導入①：6分 （❶）	・前時の本文をペアで読み聞かせを行う。 ・指名された生徒は，クラス全体に読み聞かせを行う。 ・聞く側の生徒は，教科書を閉じて，集中して聞く。 ・サマリーを聞く。	・前時の本文をペアになって読み聞かせを行わせる。 ・2名ほどを指名し，本文をクラス全体に読み聞かせる。 ・サマリーを読み上げる。 Ancient Rome enjoyed unprecedented prosperity in history. At that time, Japan was in the Yayoi period, and people lived in pit dwellings. In Rome they had a lot of materials we have now, such as buildings, roads, and toilets. How did the Romans live in those days?
導入②：18分	・ワークシートを受け取る。 ・教科書を閉じ，説明を聞く。 ・英文を聞き，ワークシートに，古代ローマ人の生活パターンを書き入れる。 ・円グラフを確認する。 ・ペアで確認する。 ・教科書を開き，確認する。 ・教師のモデルを聞く。 ・教科書を閉じ，シャドーイングをする。 ・ペアで読み聞かせをする。 ・指名された生徒が読む。	・円グラフの書かれたワークシートを配付する。 ・教科書を閉じさせ，これから読まれる英文を聞いて，円グラフに古代ローマ人の生活パターンを書き入れるように説明する。 ・教科書本文 Part 2 を読む。 ・2回目を読む。 ・ペアで確認し合うように伝える。 ・教科書を開き，正しいかどうか確認させる。 ・本文のモデル・リーディングをする。 ・教科書を閉じて，シャドーイングをさせる。 ・ペアで読み聞かせをさせる。 ・数名を指名し，クラス全体に読ませる。

展開①：10分	・本文の内容についての解説や要約を聞き，本文を理解するように努める。 ・意味の分からない箇所，内容が把握できない部分について，教師に質問する。 ・質問に対する解答をノートに書く。 ① They watched wild animal fights or the gladiators' matches there. ② They went to bed. ・解答を採点し，解説を聞き，間違った箇所を確認する。	・本文の要約を伝えながら，本文の内容を英語で解説する。 How the ancient Romans spent a day is described along with their daily diet and their most popular pastimes. ・分からない点，もう一度説明が欲しい箇所等について尋ねる。 ・生徒が分からないと言った箇所について，再度詳しく説明する。 ・本文の内容に関するQ&Aを行う。例えば，以下のような質問をする。 ① What did ancient Romans do in Colosseum? ② What did ancient Romans do after dark? ・Q&Aの解説を行う。
展開②：14分 (❷) (❸)	・ワークシートを受け取る。 ・説明を聞く。 ・ペアになり，尋ねる側の生徒は英語を駆使して，相手の生活時間を尋ね，グラフに書き入れていく。答える側は，質問に的確に答えていく。終了後，役割を交換する。 ・受け取った円グラフが正しく記載されているか確認する。 ・指名された生徒は，ローマ人と自分の生活を比較し，大きく異なる点を発表する。	・再度，円グラフの書かれたワークシートを配付する。 ・教師自身の1日の生活について説明する。 ・ペアになって，尋ねる側と答える側に分かれ，日常の生活時間について，尋ね合い，相手の生活のパターンをグラフ化させる。 ・円グラフを相手に渡し，それぞれ正しく時間が記載されているか確認させる。 ・数名を指名し，ローマ人と自分の生活を比較し，大きく異なる点について発表させる。
挨拶：1分	・挨拶をする。	・挨拶をする。

9 授業展開例

❶教科書を使用しない場面とは

　教科書は常に開いた状態で指導することは得策ではない。本文のモデル・リーディング以外では，できるだけ教科書を見ずに，音を聞き取る練習として，教科書を閉じさせることを習慣化しておきたい。例えば，

①単元最初の授業では，教科書を開かずに，全体のサマリーを聞かせ，単元のテーマや概要を聞き取らせる。

②本文の音読練習時には，教科書を使わずに，教師の音声の後に即座に復唱させるシャドーイングを行わせる。

③内容を把握させた後に，教科書を見せずに，Q&A や T or F の問題を行い，内容を把握しているかどうか確認する。

④ ALT や教師の本文説明を聞いて，メモを取り，後にリテリングさせる。

など，さまざまなアプローチが考えられるが，少しでも生徒に教科書を用いずに Thinking in English させることである。

❷常に教師が自分自身のことについて例として示す

　生徒に自分自身に関するさまざまな事柄（自己紹介，1日の生活，趣味，夢等）をテーマにスピーチをさせる場合には，まず，教師が自分のことについて例として提示することが必要である。それを生徒が良い例として捉え，超えるべき目標とさせる。

　もちろん，内容は真実に越したことはないが，面白い内容にするために，他の教師についての内容を取り上げることも考えられる。

❸既習表現や文法事項を再確認する

　生徒の状況によるが，1日の生活時間を尋ねる表現（小学校6年で学習する内容）を忘れていたり，定着していなかったりする場合もあるので，基礎基本的な表現としても，確認しておく方が，活動に支障を来たさなくてよい場合がある。

- 起床：What time do you get up?
- 朝食：What time do you have breakfast?
- 登校：What time do you leave home for school?
- 放課後：What do you do after school?

他に，go to bed, have lunch, take a bath などを伝える。このように，小学校や中学校の既習事項であったとしても，短時間で確認することが必要である。

10 授業のアイデア＋α

ポイント1　興味が湧いたところで，簡易ディベートを企てる

　今回取り扱う題材「古代ローマ」は，知れば知るほど面白い内容と分かる。生徒が知的に面白いと感じ，盛り上がるようであれば，簡易ディベートを企てるのも楽しいものである。例えば，4人グループで，賛成派2名と反対派2名に分け，テーマを提示する。手順は以下の通り。

①［テーマ］　Ancient Roman life is superior to our life. を提示する。
②作戦タイム（3分）
③賛成派1名による主張（1分）
④反対派1名による主張（1分）
⑤作戦タイム（1分）
⑥賛成派1名による反駁（1分）
⑦反対派1名による反駁（1分）
⑧作戦タイム（1分）
⑨反対派によるまとめ（2名で1分）
⑩賛成派によるまとめ（2名で1分）
終了後，4人で勝敗や内容について検討させる。（2分）　　　　合計：13~15分

ポイント2　日本文化を考える機会とする

　「日本人は自国の文化について知識が少ない」などと揶揄される。そこで，教科書の単元にさまざまな日本文化や風習，習慣などに関する事柄が取り上げられている場合には，そこから広げて，活動に仕組むことも重要な点である。例えば，「日本の風呂文化について，外国人にどのように説明するか，英語で書いてみる」や「英語で説明してみる」などとすることができる。その際に以下の例なども提示することで盛り上がる（実際に，ある温泉旅館の脱衣所に掲げられていたものである）。

〈Bathing Etiquette〉

1. First dash hot water all over your body before getting into the bathtub. Please remember that the hot water is shared by other bathers, so don't put your hand towel in the bath water.
2. Soak in the hot water as long as you like for warmth and relaxation.
3. Scrub with soap outside the bath, then rinse off all soapsuds before reentering the bath.
4. Enjoy another good soak in the hot water.
5. Please don't put any towels in the bath water.

（菅　正隆）

| 3年 | Praying Hands―祈りの手― |

発展編
スピーキングの発表を中心にした授業

	学習場面			領域・技能					
	語彙・文法	音読・内容	教科書本文	聞くこと	読むこと	話すこと（やり取り）	話すこと（発表）	書くこと	複数技能統合
主体的な学び					○				
対話的な学び	○		○			○			
深い学び		○					◎	○	

1 授業のねらい

　画家のアルブレヒト・デューラーの有名な「祈りの手」が，どのような経緯で描かれたものであるかを理解するとともに，この逸話から，人間は1人では生きていくことはできず，夢を叶えることも自分1人の力だけでは叶えられないものであることを理解する。高校3年生にとっては，今後の進路について考えることも大切であるが，その前に彼らの成長に大きな影響を与えてくれた人たちのことを考え，その人たちへの感謝を英語で表現する機会とすることで，周りの人たちへの感謝を忘れず生きていくことが人間として生きていく上で大切であることを実感してもらいたい。

2 授業の題材・教材

　本単元は，アルブレヒト・デューラーの有名な「祈りの手」，単に手を描いた1枚を題材としている。しかし，その手からは，経済的に裕福でない家庭の中で，デューラーを陰で支えるために鉱山で働き続けた弟の苦労がにじみ出ている。デューラーが有名な芸術家になったのは，彼を陰で支えるために鉱山で働き続けた弟のおかげであった。デューラーは「次に芸術家になる夢を叶えるのは君だ」と弟に言うが，鉱山で働き続けてきたため，弟の手はひどく傷ついており，すでに絵を描けるような手ではなかった。デューラーはそのことを知り，弟が払ってくれた犠牲に尊敬と敬意の念を込めて弟の手を精密に描いたのであった。

3 本時の技能別目標

・デューラーの「祈りの手」が，どのような経緯で描かれたものであるかを理解する。（読・聞）
・これまでの人生の中で，支えとなったものや言葉についてまとまりのある文章を書くことができる。（書）
・これまでの人生の中で，支えとなったものや言葉について発表することができる。（話）

4 具体的な評価規準

知識・技能	思考・判断・表現	主体的に学習に取り組む態度
・文と文，段落と段落のつながりを示す語やフレーズを理解している。	・聞き手を意識して，これまでの人生の中で，支えとなったものや言葉について書いたり，発表したりすることができる。	・授業を通して学んだことや，学校や家庭などにおける日常生活の中で経験したことを積極的に活用して書いたり話したりしている。

5 単元計画（全6時間）

時	ねらい	指導内容のポイント，文法等	評価規準
1	アルブレヒトの家族の状況について理解する。	概要の聞き取り，読み取りをさせる。	英文の内容を理解し，その内容を英語で話すことができる。
2	アルブレヒトが専門学校へ行き，弟のアルバートが鉱山で働くことになった経緯を理解する。	必要な情報の聞き取り，読み取りをさせる。	英文の内容を理解し，その内容を英語で話すことができる。
3	成功を収めたアルブレヒトが帰郷し，弟の状況を知る内容を理解する。	必要な情報の聞き取り，読み取りをさせる。	英文の内容を理解し，その内容を英語で話すことができる。
4	「祈りの手」が有名になった経緯を理解し，生徒自身の経験について話すことができる。【本時】	必要な情報の聞き取り，読み取りをさせる。生徒自身が支えとなったものや言葉について話させる。	英文の内容を理解し，その内容を英語で話すことができる。経験等について即興で話すことができる。
5〜6	スピーチ原稿を作成し，発表する。	まとまりのある英文を書き，スピーチを行わせる。	まとまりのある英文を書き，その内容を，聞き手を意識して話すことができる。

6 使用教科書 　　　　　　　　(ELEMENT English Communication Ⅲ [啓林館] Lesson 5)

Paragraph 7～9

　More than 450 years have passed. By now, Albrecht Dürer's hundreds of artworks such as portraits, sketches, watercolors, and woodcuts hang in every great museum in the world, but the odds are great that you, like most people, are familiar with only one of Albrecht Dürer's works. More than merely being familiar with it, you very well may have a reproduction hanging in your home or office.

　One day, to show his respect to Albert for all that he had sacrificed, Albrecht Dürer carefully drew his brother's damaged hands with palms together and thin fingers stretched upward. He called his powerful drawing simply Hands, but the entire world almost immediately opened their hearts to his great masterpiece and renamed it Praying Hands.

　The next time you see a copy of that touching creation, take a second look. Let it be your reminder, if you still need one, that no one – no one – ever makes it alone. Remember to sincerely thank those who have helped you to get where you are.

```
portrait      肖像画
watercolor     水彩画
odds      確率，可能性
reproduction     複製，模造（品）
masterpiece     （最高）傑作，代表作
religious      宗教の
risk      危険にさらす，危険を冒す
prayer      祈り（のことば）
rename      新たに命名する
reunite      再会させる
reminder      思い出させるもの
```

7 授業のために事前に準備しておくもの

・スピーチの例として教師が話す内容の原稿

　教師が自己開示を行うことで，生徒が自分自身のことを話す雰囲気をつくることができる。今回の授業では，大切なことを思い出させてくれるもの（something which reminds you of something important）という内容で生徒に話をさせるため，以下のような原稿を準備しておくと良い。

　I would like to show my reminder. This reminds me of how important what I do is. This is a letter from one of my students. I sometimes get letters from students when they graduate from high school. I keep all of them in my desk. Sometimes I feel tired and I don't want to work, but when I look at this letter, it reminds me that what I do is important. In this letter, the student said, "I was not good at English, and I was always sad when I saw the score of English tests. Every time I got sad, Mr. Matsushita told me that I could do it. You always encouraged me to study. I believed what you said to me. And eventually, I became better at English, and English has become one of my favorite subjects. I will study English hard after I enter university and hopefully, I will be an English teacher like you. Thank you." This is just one of the letters I got from my students. Every time I read a letter from my students, I get energy to work.

・スピーチ原稿を作成するためのハンドアウト

---

(1) What is your reminder that reminds you of something important?

(2) When did you get it? Who gave it to you?

(3) Why is it important to you?

---

8 本時の学習指導案（50分）

時間	生徒の学習活動	教師の指導・支援
挨拶：1分	・挨拶をする。	・挨拶をする。
復習：5分 (❶)	・ペアで1人の生徒が教科書本文を見ながら意味の区切れで区切りながら音読をし，もう1人の生徒がその内容を日本語で言う活動を行う。	・ペアで音読活動を行うよう指示する。
導入：2分	・イントロダクションの内容と読むポイントを理解する。	・本時の前半部分のイントロダクションと，読むポイントを与える。 〈読むポイントとして与える質問〉 ・Why did Albrecht Dürer draw his brother's damaged hands? ・What is the message the author want to tell us through this story?
展開①：9分	・黙読した後，教師からの質問に答える。	・生徒が本文を読んだ後，与えられたポイントについて質疑応答をしたり，本文内容について英語で補足説明をしたりする。その際，新出単語についてはパラフレーズを行うなどして，分脈の中で意味を理解できるようにする。 〈新出単語の意味をパラフレーズして理解させる例〉 ・The odds are great that you are familiar with one of his artworks. This means you are very likely to be familiar with one of his artworks.
展開②：10分	・モデル・リーディングを聞く。 ・教師の後に続いて音読する。 ・ペアになり，動詞の形を変えたり，空所を補充したりしながら音読を行う。	・モデル・リーディングを行う。 ・教師の後に続いて音読をさせる。その際，発音などで注意するポイントを説明をする。 ・ペアで音読活動を行った後，共通して間違いのあったところや，質問のあったところについて解説を行う。

展開③：14分	・教師の再話の例を聞く。 ・本文を再度読み，キーワードを抜き出し，ハンドアウトに書き出す。 ・キーワードを見ながら本文内容について話す。 ①個人での練習 ②ペアで1人の生徒が話し，もう1人の生徒は聞きながら，理解できれば頷き，困難な点があればヒントを出すなどする。 ③教科書や辞書を使い，話した内容や使用した語彙や文法について話し合う。 ④役割を交代し，もう1人の生徒が内容について語る。 ⑤1人の生徒が再話を教室の前で行う。	・例として再話を行う。 ・本文を再度黙読し，再話活動の際にヒントとなるキーワードを抜き出し，ハンドアウトに書き込むよう指示する。 ・個人で練習するよう指示する。 ・ペアで再話活動を行うよう指示する。 ＊活動を行う際，以下のことを指示する。 ・教科書本文そのままではなく，自分の言葉で話す努力をする。 ・聞き手は話し手が話しやすくなるよう，理解できていることを示したり，相槌を打ったりするなど，聞き手の役割を果たす。 ・使用した語彙や文法の使い方にこだわり，正しく使用できたかどうか辞書等を使用して確認する。 ・1人の生徒に発表させ，その内容についてコメントを与える。
展開④：8分 （❷）	・教師のスピーチを聞く。 ・生徒それぞれのリマインダーについて，即興で話し合う。 ・数人の生徒が，話した内容を全体に発表する。 ・話した内容を書き始める。	・例として，教師自身がこれまでの人生の中で，支えとなったものや言葉（リマインダー）についてスピーチを行う。 ・生徒それぞれがこれまでの人生の中で支えとなったものや言葉について，即興でペアの相手に伝える。 ・数人の生徒に話した内容を発表させ，それぞれの内容についてコメントを与える。 ・ペアで話した内容をもとに，スピーチの原稿を書くよう指示する。
挨拶：1分	・宿題の内容を聞く。 ・挨拶をする。	・宿題として，スピーチの原稿を完成するよう指示する。 ・挨拶をする。

9 授業展開例

❶ペアでの音読活動

　復習の際，1人の生徒は何も書き込みのされていない英文を見て，その内容を黙読，意味の句切れを確認した後，区切れまで音読する。もう1人の生徒は英文を見ない状態で相手が話した英語を聞き，日本語でその内容を話す。ただし，日本語で内容を言えない場合は，「パス」と言い，次の内容に移るよう指示しておく。

〈前回生徒が学んだ英文の一部〉

　All heads turned in eager expectation to the far end of the table where Albert sat, tears running down his face, shaking his lowered head from side to side while he cried and repeated, over and over, "No …, no …, no …, no."

〈活動例〉

　　生徒A：All heads turned
　　生徒B：全員の顔が向いた
　　生徒A：in eager expectation
　　生徒B：強い期待を込めて
　　生徒A：to the far end of the table where Albert sat
　　生徒B：アルバートが座っていた…パス
　　生徒A：tears running down his face

　この活動の目的は，生徒が学んだ英文を適格に理解しているかどうか，また，相手に伝わるように音読することができるかどうかを確認することである。生徒Bが日本語で内容を言えない理由は，生徒Aが正しく区切れていない，もしくは生徒Bが単語の意味等を忘れてしまっているかのどちらかである。この活動後，疑問点を2人で話し合わせたり，多くの生徒がつまずいた点について解説をしたりすることで，効率よく前時を振り返ることが可能となる。

❷ペアで話したことを全体でシェアする

　ペアで生徒自身の経験や意見を話した後，その内容を全体でシェアする場合，英語が得意な生徒ではなく，観点がユニークであったり，意見の内容が単元の趣旨にあっていたりする生徒の意見を取り上げ，シェアしたい。話し方や，英語の発音が上手くなることももちろん大切ではあるが，伝えたい内容を持つことが大切であることを生徒に常に言い続けたいものである。また，生徒が発表した後は，より良い表現方法を提示してあげたりすることも必要であるが，まずは内容を受け止め，生徒をほめる態度が大切である。

10 授業のアイデア+α

ポイント1　発話を録音して活用する

　再話(ストーリー・リテリング)活動などで生徒が既習の語彙や文法を使いながら話したり,自己表現活動の際,即興で意見を言わせたりした時に,ICレコーダーなどを使用し,生徒が発話した内容を録音しておくと,以下の2点において活用することができる。

　①生徒が話した内容を振り返り,ライティング活動につなげることができる。
　②使用した語彙や文法などを客観的に見直すことができる。

　①については,生徒が意見を即興で話す際,自分の意見やペアの相手の意見をもう一度聞く機会を持つことで,考えを整理することができる。ライティングの課題を家庭学習とする場合が多くあるが,授業内の発話を活用できれば,スムーズに家庭学習を行うことができる。

　②については,生徒が発話する際は発話内容に注意を向けさせ,その後,録音したものを聞き,使用した言語形式に意識を向けさせることで,語彙知識や統語知識をもとに話したことが文法や語法的に正しかったかどうかを検証することができ,結果,語彙力や文法力をつけることにつながる。

　ICレコーダー等を活用し,音声を録音することは,スピーキングテストなど,パフォーマンステストなどでも行うと良い。生徒に内容と言語形式を確認させるだけではなく,入学時からパフォーマンステストの発話を録音して残しておくことで,生徒自身がそれぞれの成長を確認することも可能になる。英語を話すことに関しては,なかなか生徒自身が成長を感じることは難しいが,実際に音声を残しておくことで,学校での学習が英語力の向上につながっていることが実感できるので,生徒の学びへの意欲を高めることも可能になる。

ポイント2　生徒の自己開示を引き出す

　自己表現活動を行う際,生徒から意見や経験などを引き出したいが,上手くいかない場合が多い。生徒は授業で自分のことを話すことに慣れていない上,英語で話さなければならないとなると,とても難しいと感じている場合が多い。以下のような取り組みを継続して行うことで,生徒から少しずつ考えなどを引き出していくことができるようになる。

　①オーラル・イントロダクションや,内容理解を促す際,正解のない発問を行うことで,何を答えても正解である場面を作ることで,英語で意見を言う雰囲気をつくる。
　②単元の題材に関連したアンケートを先にとっておき,その内容をもとに発言する生徒をあらかじめ決めておき,その内容を引き出す。例えば,部活動の履歴や,飼っているペット,座右の銘などを聞いておくと,活用することができる。
　③常に教師が自己開示を行う。常に題材に関して教師が自己開示を行うと生徒の自己開示を促す契機になる。

(松下　信之)

3年 How Can We Save Disappearing Languages?―消滅する言語をどうすれば守れるか―

発展編
複数技能統合の授業

	学習場面			領域・技能					
	語彙・文法	音読・内容	教科書本文	聞くこと	読むこと	話すこと（やり取り）	話すこと（発表）	書くこと	複数技能統合
主体的な学び				○		○			
対話的な学び	○		○				○	○	
深い学び		○							◎

1 授業のねらい

　言語が消滅していく原因（火山噴火のような自然災害や戦争のような人為的原因）や，言語が消滅することでその言語が話されてきた社会が蓄積してきた集団的知識体系だけではなく，世界を豊かなものにしている多様性が失われていること，さらには言語を保存・復活させようとする試みについて理解するとともに，日本において「義務教育段階から授業を英語で行うべきである」という論題について生徒それぞれが意見を表明したり，ディベートを行ったりすることで，言語が単なるコミュニケーションのツールだけではなく，人類の数百万年の知的な営みの結晶であることや，言語に優劣がないことなどに気付かせたい。

2 授業の題材・教材

　本単元は，消滅する言語について取り扱う。現在世界に約6,000ある言語のうち約43％が消滅の危機にあるとされ，それらは今後100年以内には消滅するだろうと予想する言語学者もいる。言語が消滅する要因は二つあり，一つには自然災害等による言語の使用者の消滅，二つには，経済的・政治的・社会的要因や国際化などが考えられている。言語の消滅によってどのような問題が引き起こされるのかや，また，言語学者が言語を保存しようとしたり，言語コミュニティーは，自らの言語を活性化しようとしたりしていることなどが書かれており，言語を絶滅の危機から救い出すには全ての側からの努力が必要であるという意見で締めくくられている。

3 本時の技能別目標

・自然災害や戦争などの人為的な理由以外で言語が消滅していることを理解できる。(読・聞)
・言語が消滅すると,文化的習慣や儀式,集団的知識体系が失われることを理解する。(読)
・「義務教育段階の教育を英語で行うべきである」の論題でディベートすることができる。(話)

4 具体的な評価規準

知識・技能	思考・判断・表現	主体的に学習に取り組む態度
・話し合いや意見の交換を行うために必要な表現や方法についての知識を身に付けている。	・事実と意見などを区別して話すことができる。	・上手く言えないことがあっても,既知の語句や表現を用いるなどして情報や考えなどを伝えている。

5 単元計画(全5時間)

時	ねらい	指導内容のポイント,文法等	評価規準
1	言語が自然現象や人為的原因により消滅していることを理解する。	概要の聞き取り,読み取りをさせる。	英文の内容を理解し,その内容を英語で話すことができる。
2	言語消滅の新しい原因や,言語消滅によって失うことについて理解する。【本時】	必要な情報の聞き取り,読み取りをさせる。ミニディベート	英文の内容を理解し,その内容を英語で話すことができる。ペアで即興のやり取りを行うことができる。
3	言語を守ることの重要性や,言語の保存,再活性化について理解する。	必要な情報の聞き取り,読み取りをさせる。	英文の内容を理解し,その内容を英語で話すことができる。
4	「英語を第二言語にするべきである」の論題に対して立論を作成する。	グループに分かれ,論題を作成させる。	まとまりのある文章で論題を作成することができる。
5	「英語を第二言語にするべきである」の論題のディベートを行う。	ディベートをさせる。	事実と意見などを区別して話すことができる。

6 使用教科書 (ELEMENT English Communication Ⅲ [啓林館] Lesson 2)

Paragraph 4～6

Today, however, there are new ways in which languages are disappearing. Technology and a desire for material wealth have caused some smaller linguistic communities to abandon their traditional language for English. Their belief is that their children will have a better chance of success with English rather than a language that may only have 100 speakers. It's hard to say that they are wrong. We all want the best for our children, but we must consider the cost to our society.

What do we lose when a language dies? It is our belief that we lose not only the cultural practices and rituals of that society, but also the collective body of knowledge that that society has accumulated over time. In addition to the knowledge that is lost, we also lose the diversity that makes the world such an interesting place. The world would be a much less exciting place if we all spoke a single language.

wealth 富, 財産
  n. a large amount of money or property
belief 信念, 考え
  n. the feeling that something is really true or really exists
A rather than B B よりもむしろ A
ritual 儀式
  n. a ceremony that is always performed in the same way
collective 集合的な, 集団的な
  adj. shared by every member of a group or society
accumulate 蓄積する, 集める
  vt. to gradually have more and more

7 授業のために事前に準備しておくもの

・ディベートの際に参考になる情報

　ディベートでは，ある論題に対して，肯定側と否定側に分かれ，それぞれの立場を明確にし，肯定側はその論題を採択することで得られるメリットを，否定側はその論題を採択することで生じるデメリットを述べなければならず，そのために，根拠を明確に示さなければならない。以下のようなデータをあらかじめ提示するとスムーズにディベートの活動を行うことができる。

Table 1: The number of people who use English in the world

People who use English as a first language	400 million
People who use English as a second language	300-400 million
People who learn English as a foreign language	500-700 million

Source: David Crystal, The Future of English (1998)

Figure : Top Ten Languages in the Internet

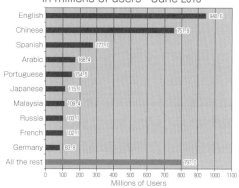

Source:Internet World Stats - -www.internetworldstats.com/stats7.htm
Estimated total internet users are 3,611,375,813 for June 30, 2016
Copyright © 2016, Miniwatts Marketing Group

Table 2: World University Ranking 2014-2015

Rank	University	Location
1	California institute of Technology	USA
2	Harvard University	USA
3	University of Oxford	UK
4	Stanford University	USA
5	University of Cambridge	UK
6	Massachusetts Institute of Technology	USA
7	Princeton University	USA
8	University of California, Berkeley	USA
9	Imperial College London	UK
10	Yale University	USA

http://www.timeshighereducation.co.uk/world-university-rankings/2014-15/world-ranking より

8 本時の学習指導案（50分）

時間	生徒の学習活動	教師の指導・支援
挨拶：1分	・挨拶をする。	・挨拶をする。
復習：2分	・教科書本文（Paragraph 1～3）の内容に関する質問の答えをペアで考えた後，答える。 〈解答例〉 ・Languages die because their speakers die in natural disasters. ・Languages die because of man-made causes such as war.	・前時の内容に関する質問をし，答えさせる。 〈発問例〉 ・There are two reasons why languages disappear. What are they?
導入：3分	・イントロダクションの内容と読むポイントを理解する。	・本時の前半部分のイントロダクションと，読むポイントを与える。 〈読むポイントとして与える質問〉 ・What do we lose when we lose a language?
展開①：6分	・黙読した後，教師からの質問に答える。	・生徒が本文を読んだ後，与えられたポイントについて質疑応答をしたり，本文内容について英語で補足説明をしたりする。その際，以下のように，行間の内容を問う発問を行うことで，本文の内容の理解を深めるよう務める。 ・What are cultural practices and rituals of Japan? ・Are there some words that show the collective body of knowledge that our society has accumulated?
展開②：7分	・モデル・リーディングを聞く。 ・教師の後に続いて音読をする。	・モデル・リーディングを行う。 ・教師の後に続いて音読をさせる。その際，発音などで注意するポイントについては説明をする。

展開③：1分	・ディベートの方法について確認する。 ・ディベートの進行形式を理解する。	・ディベートの方法について説明する。 ・ディベートの進行形式について説明する。
展開④：29分 （❶）	・論題に対してペアで1人が肯定側（Affirmative Side），もう1人が否定側（Negative Side）になり，立論を立てる。 ・4人グループになり，1人が肯定側，もう1人が否定側，2人が審判になり，以下の進行形式でミニディベートを行う。 進行形式 肯定側立論（1分） 質疑応答（1分） 否定側立論（1分） 質疑応答（1分） 反駁準備（2分） 否定側反駁（1分） 肯定側反駁（1分） ・ディベートをした生徒が審判となり，審判をした生徒がミニディベートを行う。	・ペアになり，教師に向かって左側に座っている生徒が肯定側，右に座っている生徒が否定側になるよう指示する。 ・"All the subjects should be taught in English in elementary, and junior high school in Japan."という論題を提示し，それぞれの立場で立論を考えさせる。 ・4人グループになり，2人がミニディベート行い，残りの2人が審判をするよう指示する。 ・いくつかのディベートの様子を見て，良い発言をしている生徒の意見や質問をメモしておく。
挨拶：1分	・宿題の内容を聞く。 ・挨拶をする。	・宿題として，立論をもう一度考え直し，書くよう指示する。 ・挨拶をする。

9 授業展開例

❶ディベートを行うために必要な指導について

(1) グラフやなどの内容について説明する練習

　ディベートで立論を行う際，肯定側，否定側ともデータを活用しながら論理的に説得しなければならない。そのためにも，グラフなどのデータの内容を客観的に説明できるようにしておく必要がある。

　以下のような，図やグラフを説明する時に使われる表現を生徒に与え，実際に説明する練習をしておくと良いだろう。

〈図やグラフを説明する時に使われる表現〉

表：table

図：chart

* figure は図やグラフ，表，全てに使用される。

Bar chart：**棒グラフ**　　　Bar graph：**帯グラフ**　　　Line graph：**折れ線グラフ**
Pie chart：**円グラフ**

Please look at this table.：**この表をみてください。**

This table shows ～ .：**この表は～を表しています。**

The vertical line shows ～ , and the horizontal one shows ～：**縦軸は～を表し，横軸は～を表しています。**

In this chart, we can see that ～：**この図から～であることが分かります。**

(2) メモを取る練習

　ディベートでは，相手の話を聞き，メモを取ることが重要である。質疑応答や反駁を行う際，メモの内容をもとに行うので，正しくメモを取るスキルが要求される。そこで，ディベートを行う前に，立論の例や反駁の例を教師が読み上げたり，文章で与えたりし，それをもとにメモを取る練習をすると効果的である。

〈フローシートの例〉

肯定側立論		否定側反駁	
	否定側立論		肯定側反駁

10 授業のアイデア+α

ポイント1　アウトプットを授業のどこでさせるか

　インプット，インテイク，アウトプットという言葉がよく使われるが，これは授業の構成を指している言葉ではないことを理解することが必要である。いつアウトプットをさせるか，と聞かれれば，答えは「可能な限りいつでも」となるだろう。オーラル・イントロダクションの際，生徒が知っている知識等を英語で話させたり，教科書の内容を話させたりすることが可能であるし，音読の前後に生徒の意見を引き出しておくことも可能だろう。常に教師と生徒，生徒同士が英語でやり取りをする場面を設定したいものである。

　また，授業や単元の最後に生徒の意見を引き出す際には，以下のように，教科書本文を読んだからこそ感じたことや考えることができたことを英語で引き出したい。

生徒の生活や経験から持っている考え		題材		題材を通して感じたこと，考えたこと

　そのためには，教科書本文を読む前に一般的な考え方を先に引き出しておいてはどうか。環境問題が題材であれば「水の無駄遣いをなくす」や，「電気を消す」などの意見を最初に生徒から引き出しておき，「実は水の問題はその使用量だけではなく，私たちが食べるものと大きく関連している」という題材を読むことで，水問題についての理解が深まるとともに，意見の内容が深化しているのを生徒自身も感じることができるだろう。生徒が教科書題材を読みながらアウトプットを繰り返し行うことで，意見の内容も使用する言語材料も洗練していくような授業の流れにしたいものである。

ポイント2　生徒の常識を揺さぶる発問

　教科書は一般的に「良いこと」が書かれており，生徒がその内容に対して反論することは難しい。そこで，教科書の内容について，あえて教師が反論する内容を話したり，その根拠を提示したりすることで，生徒は教科書で扱われている事柄についてもさまざまな考え方があることを理解するきっかけになり，また，教科書の筆者の意見と，教師の意見のどちらに賛成するか投げかけ，話し合わせることで，異なる意見を尊重しながら，意見交換を行う場面を設定することが可能になる。今回の授業であれば，「英語を母語，公用語，外国語として使用している人数」を示したり，「大学のランキングTOP10の大学が全てアメリカやイギリスであること」を示したりすることで，英語を学ぶ重要性を説き，小学校や中学校で全ての教科を英語で教えてはどうか，という論題を投げかけている。正解のないことだからこそ考えることが楽しい，という授業の文化を構築したいものである。

　　　　　　　　　　　　　　　　　　　　　　　　　　　　　　　　　　　（松下　信之）

第 **3** 章

アクティブ・ラーニングを位置づけた高校英語の授業の評価

1 新しい評価の在り方

　今までの日本の教育においては，授業はどちらかといえば教師主導で知識偏重型が戦後数十年行われてきた。そして，テストや入学試験もそれに従って，知識を問う問題を中心に出題されてきた。しかし，社会の変化，価値観の変化，そして，学力の捉え方の変化に伴って，授業の在り方も変わり，それに伴う評価の考え方も変わってきた。

　そこで，2016年12月21日に出された中央教育審議会の「答申」を見ていきたい。ここには，学習評価の充実として，大きく分けて3点が書かれている。具体的に見ていきたい。

❶学習評価の意義等（丸付数字・下線・丸付数字の解説：筆者）

○　学習評価は，学校における教育活動に関し，子供たちの学習状況を評価するものである。「子供たちにどういった力が身に付いたか」という学習の成果を的確に捉え，①教員が指導の改善を図るとともに，②子供たち自身が自らの学びを振り返って次の学びに向かうことができるようにするためには，この学習評価の在り方が極めて重要であり，教育課程や学習・指導方法の改善と一貫性を持った形で改善を進めることが求められる。

①授業やテスト等で，生徒に身に付いた能力を測り，成果が出ていない場合には原因を探り，その原因が授業にあると判断できた場合には，授業自体の在り方を変えていく努力を惜しまないことである。

②これが，アクティブ・ラーニングで求められる「深い学び」の視点である。さまざまなコミュニケーション活動等を通して，相手から情報を得たり，自分の考えなどを伝えたりする中で，分かった点，できた点などを理解し，さらに難しい情報を得ようとしたり，複雑な考えを表現しようとしたりするように，教師が導く必要がある。

○　子供たちの学習状況を評価するために，教員は，個々の授業のねらいをどこまでどのように達成したかだけではなく，子供たち一人一人が，①前の学びからどのように成長しているか，より深い学びに向かっているかどうかを捉えていくことが必要である。

①常に，生徒一人一人の学力伸長を情報として持ち，適切な指導をすることが求められる。そのためには，個々の学力に関するカルテ等を作成し，長い期間で，学力の

> 変化を見ていく必要がある。

○ また，学習評価については，子供の学びの評価にとどまらず，「カリキュラム・マネジメント」の中で，①教育課程や学習・指導方法の評価と結び付け，子供たちの学びに関わる学習評価の改善を，更に教育課程や学習・指導の改善に発展・展開させ，②授業改善及び組織運営の改善に向けた学校教育全体のサイクルに位置付けていくことが必要である。

> ①生徒の学習評価は，生徒や家庭に評価として示すだけではなく，教師の指導の在り方や問題点を見つけ出す指標としたり，教育課程自体に問題がなかったかどうかなど，見直すためにも活用すべきである。
> ②授業改善を教師自らに課すだけにとどまらず，学校全体としてシステム化していく必要がある。例えば，PDCAサイクルを学校として構築し，C＝チェック機能を評価として捉えて，学校全体のシステムとして位置づけていくことである。

❷評価の三つの観点

○ 現在，各教科について，学習状況を分析的に捉える「観点別学習状況の評価」と，総括的に捉える「評定」とを，学習指導要領に定める目標に準拠した評価として実施することが明確にされている。評価の観点については，従来の4観点の枠組みを踏まえつつ，学校教育法第30条第2項が定める学校教育において重視すべき三要素（「知識・技能」「思考力・判断力・表現力等」「主体的に学習に取り組む態度」）を踏まえて再整理され，現在，①「知識・理解」「技能」「思考・判断・表現」「関心・意欲・態度」の四つの観点が設定されているところである。

> ①外国語では，観点を四つとしており，「コミュニケーションへの関心・意欲・態度」，「外国語表現の能力」，「外国語理解の能力」，「言語や文化についての知識・理解」から成り立っている。この中の「外国語表現の能力」と「外国語理解の能力」については，技能のみではなく，「思考力・判断力・表現力等」が含まれている。

○ 今回の改訂においては，全ての教科等において，教育目標や内容を，①資質・能力の三つの柱に基づき再整理することとしている。これは，資質・能力の育成を目指して「目標に準拠した評価」を実質化するための取組でもある。

> ①資質・能力の三つの柱とは以下の通りである。

> ・何を理解しているか，何ができるか（生きて働く「知識・技能」の習得）
> ・理解していること・できることをどう使うか（未知の状況にも対応できる「思考力・判断力・表現力等」の育成）
> ・どのように社会・世界と関わり，よりよい人生を送るか（学びを人生や社会に生かそうとする「学びに向かう力・人間性等」の涵養）

○ 今後，小・中学校を中心に定着してきたこれまでの学習評価の成果を踏まえつつ，目標に準拠した評価を更に進めていくため，こうした教育目標や内容の再整理を踏まえて，観点別評価については，目標に準拠した評価の実質化や，教科・校種を超えた共通理解に基づく組織的な取組を促す観点から，小・中・高等学校の各教科を通じて，①「知識・技能」「思考・判断・表現」「主体的に学習に取り組む態度」の3観点に整理することとし，指導要録の様式を改善することが必要である。

> ①学校教育法第30条第2項には，「生涯にわたり学習する基盤が培われるよう，基礎的な知識及び技能を習得させるとともに，これらを活用して課題を解決するために必要な思考力，判断力，表現力その他の能力をはぐくみ，主体的に学習に取り組む態度を養うことに，特に意を用いなければならない。」とあり，特に「知識・技能」においては，「基礎的な知識及び技能」を習得させることが求められている。

○ その際，「学びに向かう力・人間性等」に示された①資質・能力には，感性や思いやりなど幅広いものが含まれるが，これらは観点別学習状況の評価になじむものではないことから，評価の観点としては学校教育法に示された「主体的に学習に取り組む態度」として設定し，感性や思いやり等については観点別学習状況の評価の対象外とする必要がある。

> ①ここでいう資質・能力とは，主体的に学習に取り組む態度を含めた学びに向かう力，自己の感情や行動を統制する能力，自らの思考の過程を客観的に捉える力など，いわゆる「メタ認知」に関する能力と，自己の感情や行動を統制する力，よりよい生活や人間関係を自主的に形成する態度である。

○ すなわち，「主体的に学習に取り組む態度」と，資質・能力の柱である「学びに向かう力・人間性」の関係については，「学びに向かう力・人間性」には①「主体的に学習に取り組む態度」として観点別評価（学習状況を分析的に捉える）を通じて見取ることができる部分と，②観点別評価や評定にはなじまず，こうした評価では示しきれないことから個人内評価（個人のよい点や可能性，進歩の状況について評価する）を通じて見取る部分があることに留意する必要がある。

> ①ここで評価するのは，前項の資質・能力①の中にある，「主体的に学習に取り組む態度を含めた学びに向かう力」及び「自らの思考の過程を客観的に捉える力」である。
> ②ここで評価するのは，前項の資質・能力①の中にある，「自己の感情や行動を統制する能力」「よりよい生活や人間関係を自主的に形成する態度」などである。

○ これらの観点については，①毎回の授業で全てを見取るのではなく，単元や題材を通じたまとまりの中で，学習・指導内容と評価の場面を適切に組み立てていくことが重要である。

> ①毎時間，評価に奮闘している教師も見受けられるが，ある決まった回数で総合的に評価していくことが求められている。

○ なお，観点別学習状況の評価には十分示しきれない，児童生徒一人一人のよい点や可能性，進歩の状況等については，日々の教育活動や総合所見等を通じて①積極的に子供に伝えることが重要である。

> ①いわゆる通知表だけではなく，普段から教師と生徒，家庭とが情報を交換できるようなものを使い，常に学校と家庭で情報を共有しながら，生徒を育てていくことが求められている。また，外国語では，ノートを活用して，毎時間の生徒の活動や伸びを生徒自身や家庭に伝えていくことも大切である。

❸評価に当たっての留意点等

○ 「目標に準拠した評価」の趣旨からは，評価の観点については，学習指導要領における各教科の指導内容が①資質・能力を基に構造的に整理されることにより明確化される。今般，中央教育審議会においては，第3章2．(4)において述べたように，学習評価について学習指導要領の改訂を終えた後に検討するのではなく，本答申において，学習指導要領等の在り方と一体として考え方をまとめることとした。指導要録の改善・充実や多様な評価の充実・普及など，今後の専門的な検討については，本答申の考え方を前提として，それを実現するためのものとして行われることが求められる。

> ①高等学校における外国語では，コミュニケーションの目的を理解し，見通しを持って目的を実現するための「聞くこと」，「話すこと」，「読むこと」，「書くこと」による総合的な言語活動を行うことを通して，情報や考えなどを外国語で的確に理解し

> たり適切に表現したり伝えあったりすることができる資質・能力は次の通りである。
> ・外国語を通じて，言語の働きや役割などを理解し，外国語の音声，語彙・表現，文法を，「聞くこと」，「読むこと」，「話すこと」，「書くこと」を用いた実際のコミュニケーションの場面において活用できる技能
> ・外国語でコミュニケーションを行う目的・場面・状況等に応じて，社会や世界，他者との関わりの中での幅広い話題について，情報や考えなどの概要・詳細・意図を的確に理解したり，それらを活用して適切に表現し伝え合ったりすることができる力
> ・外国語やその背景にある文化の多様性を尊重し，聞き手・読み手・話し手・書き手に配慮しながら，自律的・主体的に外国語を用いてコミュニケーションを図ろうとする態度

○ 学習指導要領改訂を受けて作成される，学習評価の工夫改善に関する参考資料についても，詳細な基準ではなく，資質・能力を基に再整理された学習指導要領を手掛かりに，教員が評価規準を作成し見取っていくために必要な手順を示すものとなることが望ましい。そうした参考資料の中で，各教科等における学びの過程と評価の場面との関係性も①明確にできるよう工夫することや，複数の観点を一体的に見取ることも考えられることなどが示されることが求められる。

> ①これからの評価は，公明正大で誰からも不服が出ないように，しっかりと説明責任を果たせる評価とする必要がある。そのためにも，普段の授業からエビデンスを収集（ノート，プリント類，テスト用紙等）しておく必要がある。

○ 評価の観点のうち「主体的に学習に取り組む態度」については，学習前の診断的評価のみで判断したり，挙手の回数やノートの取り方などの形式的な活動で評価したりするものではない。①子供たちが自ら学習の目標を持ち，進め方を見直しながら学習を進め，その過程を評価して新たな学習につなげるといった，学習に関する自己調整を行いながら，粘り強く知識・技能を獲得したり思考・判断・表現しようとしたりしているかどうかという，意思的な側面を捉えて評価することが求められる。

> ①学習過程での評価としての形成的評価と考えるべきであろう。生徒が自分の能力を向上させるために，いかに努力をしているのか，どのように努力をしているのかをプラス思考で評価していくことである。

○ このことは現行の「関心・意欲・態度」の観点についても本来は同じ趣旨であるが，上述の挙手の回数やノートの取り方など，性格や行動面の傾向が一時的に表出された場

面を捉える評価であるような誤解が払拭し切れていないのではないか，という問題点が長年指摘され現在に至ることから，「関心・意欲・態度」を改め「主体的に学習に取り組む態度」としたものである。こうした趣旨に沿った評価が行われるよう，①単元や題材を通じたまとまりの中で，子供が学習の見通しを持って学習に取り組み，その学習を振り返る場面を適切に設定することが必要となる。

> ①このことは，生徒が自ら課題意識を持ち，主体的に学習に取り組んでいるかを判断するということであるが，そのような場面を授業の中に設定されていなければ，評価の対象にもならない。再度述べるが，教師からの一方的な教えの中では，そのような場面を生徒が見つけ出すことは困難で，評価をする場面ではないことを理解する必要がある。

○ こうした姿を見取るためには，子供たちが主体的に学習に取り組む場面を設定していく必要があり，①「アクティブ・ラーニング」の視点からの学習・指導方法の改善が欠かせない。また，②学校全体で評価の改善に組織的に取り組む体制づくりも必要となる。

> ①アクティブ・ラーニングの視点からの評価には，ペア活動やグループ活動を見取るだけではなく，エッセー・ライティング，ディスカッション，スピーチ，ディベートなどのパフォーマンステストを実施し，その中での英語活用頻度や流暢さなどでも評価していく。
> ②校長，教頭等の管理職の先生方は，教務を中心に授業研究や学習会などを開き，指導や評価の在り方についての共有化に努めたい。

○ なお，こうした観点別学習状況の評価については，小・中学校と高等学校とでは取組に差があり，高等学校では，知識量のみを問うペーパーテストの結果や，特定の活動の結果などのみに偏重した評価が行われているのではないかとの懸念も示されているところである。義務教育までに①バランス良く培われた資質・能力を，高等学校教育を通じて更に発展・向上させることができるよう，高等学校教育においても，指導要録の様式の改善などを通じて②評価の観点を明確にし，観点別学習状況の評価を更に普及させていく必要がある。

> ①外国語では，input（基礎的な知識・表現を知る）→ intake（得た知識や・表現を組み合わせたり，どのような場面や状況下で使用したりするのかを思考する）→ output（実際に教室内外で得た知識を活用して表現してみる）を繰り返しながら，バランスの取れた指導で，資質・能力が培われていく。
> ②観点別学習状況の評価を高等学校で実施するには，揺るぎのない目標，ぶれない評価の観点を確定することである。つまり，生徒にどのような力をどのような方法で

身に付けさせるのかをしっかりと判断することである。

○　また，資質・能力のバランスのとれた学習評価を行っていくためには，指導と評価の一体化を図る中で，論述やレポートの作成，発表，①グループでの話合い，作品の制作等といった多様な活動に取り組ませるパフォーマンス評価などを取り入れ，ペーパーテストの結果にとどまらない，多面的・多角的な評価を行っていくことが必要である。さらには，総括的な評価のみならず，一人一人の学びの多様性に応じて，学習の過程における形式的な評価を行い，子供たちの資質・能力がどのように伸びているかを，例えば，日々の記録やポートフォリオなどを通じて，子供たち自身が把握できるようにしていくことも考えられる。

　　①アクティブ・ラーニング＝グループ学習と思っている方がいるが，それは大きな間違いである。時には，学力の高い生徒がグループを仕切って，１人で答えを出し，１人で発表する場面を目にすることがある。これでは，その生徒だけのための授業になりかねない。グループ活動を上手く活用するには，授業開きの４月の段階から，躾として何度もグループ活動の在り方を説明する必要がある。グループ活動を上手く運ぶには，それぞれの生徒に役割を課すことが一番であり，その役割もローテーションにして，さまざまな体験をさせることである。

○　また，子供一人一人が，自らの学習状況やキャリア形成を見直したり，①振り返ったりできるようにすることが重要である。そのため，子供たちが自己評価を行うことを，教科等の特質に応じて学習活動の一つとして位置付けることが適当である。例えば，特別活動（学級活動・ホームルーム活動）を中核としつつ，「キャリア・パスポート（仮称）」などを活用して，子供たちが自己評価を行うことを位置付けることなどが考えられる。その際，教員が対話的に関わることで，自己評価に関する学習活動を深めていくことが重要である。

　　①振り返りシートは多くの小学校や一部の中学校で実施されているが，高等学校で目にすることはほとんどない。しかし，50分の授業をどのような形であれ，振り返ることは，次の授業にもつなげる意味で重要である。例えば，教師側からシートを提供するのではなくとも，ノートの隅に感想や「この授業で分かったこと」，「この授業でできたこと」，「この授業でできなかったこと」を記述させてみてはいかがだろうか。これを書くことによって，自己を見直し，次の課題を明確にし，目的を持って授業に臨むことができる。

○　こうした評価を行う中で，教員には，①子供たちが行っている学習にどのような価値

があるのかを認め，子供自身にもその意味に気付かせていくことが求められる。そのためには，教員が学習評価の質を高めることができる環境づくりが必要である。教員一人一人が，子供たちの学習の質を捉えることのできる目を培っていくことができるよう，研修の充実等を図っていく必要がある。特に，高等学校については，義務教育までにバランス良く培われた資質・能力を，高等学校教育を通じて更に発展・向上させることができるよう，教員の評価者としての能力の向上の機会を充実させることなどが重要である。

> ①例えば，会話テストを実施すると考えよう。相手に的確に言葉を発している，相手の目を見ながら話をしている，流暢に英語を話している，正しい発音で話をしている，相手の話を積極的に聞いている，大きな声で話をしている，笑顔で話をしている，などなどさまざまな評価のポイントが考えられる。しかし，多くを望むのではなく，生徒に1，2の評価のポイントだけを示して，その目標に向かって練習をさせる。それらが月日を重ねることによって，総合的に積み重なって，上記のような全ての評価のポイントに統合されて，コミュニケーション能力となって表れるのである。

○ 加えて，知識の理解の質を高めるという次期学習指導要領等の趣旨を踏まえ，①高等学校入学者選抜，大学入学者選抜の質的改善が図られるようにする必要がある。

> ①単純ではあるが，入試が変われば，教える内容や指導方法も大きく変化してくる。まさに，アクティブ・ラーニングはその最たるものであろう。もし，アクティブ・ラーニングの手法で受験に合格できないとなれば，アクティブ・ラーニングは絵に描いた餅となり，学習指導要領からは一期で消え失せ，それを提唱した人は責任を負わされることになろう。それが世の中である。

　評価の考え方は時代とともに変化するものである。それは，社会が何を求めるかである。したがって，普遍というわけにはいかない。今回は，アクティブ・ラーニングの考え方が取り入れられたことから，自立した学習者を育て上げるということである。そのプロセスとして評価が考えられる。ただし，例えば，大人しくて人見知りする生徒や，大きな声を上げられない生徒は駄目な生徒なのか。答えはNoである。これでは，評価が人間性まで立ち入っている。先にもあったように，人間性は個人内評価であって，皆，同じように明るく誰とでも大きな声で話す生徒ばかりでは，恐い世の中になりかねない。その分岐点をしっかりと理解する必要がある。

2 アクティブ・ラーニングを位置づけた授業の評価

❶高校における英語の評価の三つの観点とアクティブ・ラーニング

　次期学習指導要領における三つの観点「知識・技能」,「思考・判断・表現」,「主体的に学習に取り組む態度」を具体的に見ていく。

(1) 「知識・技能」

　この観点は一見,語彙や文法,表現などの知識を習得しているかを判断する観点のように見える。しかし,その知識が定着温存されているだけでは評価の対象外である。評価の対象にすることができるのは,実際のコミュニケーションを図る上で,活用できるほどに習得されていれば評価の対象となる。したがって,この「知識・技能」を評価するためには,ペーパー試験の評価方法だけではなく,実際にコミュニケーションが行われる場面を設定し,評価の対象としなければならない。その過程において,主体的・対話的で深い学びがあればこそ達成される目標である。

(2) 「思考・判断・表現」

　この観点は,コミュニケーションを行う目的・場面・状況に応じて,外国語を聞いたり読んだりして情報や考えなどを的確に理解したり,外国語を話したり書いたりして的確に表現したりするとともに,情報や考えなどの概要・詳細・意図を伝え合うコミュニケーションができているかどうかに留意して評価することになる。つまり,そのようなコミュニケーションの場面を設定するとともに,その過程として,「知識・技能」同様に,主体的・対話的で深い学びがあればこそ達成される目標である。

(3) 「主体的に学習に取り組む態度」

　この観点は,観点別評価を通じて見取る部分と,「知識・技能」または「思考・判断・表現」との両面から評価を行い,生徒がコミュニケーションへの関心を持ち,自ら課題に取り組んで表現しようとする意欲や態度を身に付けているかどうかを評価することとしている。したがって,これも,評価できるような場面や状況を設定することが条件であり,その過程に主体的・対話的で深い学びがあればこそ達成される目標である。

❷評価から考えるアクティブ・ラーニングの指導の在り方

　既に言い古されている「指導と評価の一体化」を今一度考えてみる。上記のような評価の観点を考えると，当然，指導も改善されなければならない。例えば，「知識・技能」の観点で具体的な評価規準として次のものを提示する。「自分の考えや気持ちを伝える表現（think／hope［that］S＋V〜など）の使い方を理解しているとともに，それを実際のコミュニケーションの場面で使う技能を身に付けている。」とした場合，評価を下すためには，当然，そのようなコミュニケーションの場面を授業中に設定する必要がある。その場面があってこその評価である。そのために，アクティブ・ラーニングの視点を持った指導が行われているかどうかである。教師側が一方的に表現練習や文法問題をしたところで，知識として定着はしても，この評価に見合った能力は身に付かないのが一般的である。そこで，生徒同士でのペア活動やグループでのディスカッションを活用することで，「話すこと（やり取り）」で「自分の考えや気持ちなどを，学習した表現を用いて伝え合うことができる」ようになるのである。このように生徒中心にペア活動やグループ活動を積極的に促すことで，生徒のコミュニケーション能力の向上も図ることができるのである。

　また，中央教育審議会の「答申」の「外国語教育における学習評価」の中にある文を参考にする。小学校の外国語教育に関して書かれているが，裏返すと，高校の考え方を小学校にも取り入れるということである（下線：筆者）。

○　小学校高学年の教科としての外国語教育における「観点別学習状況の評価」についても，中・高等学校の外国語科と同様に「知識・技能」，「思考・判断・表現」，「主体的に学習に取り組む態度」の3観点により行う必要がある。その際，必要な資質・能力を育成するための学びの過程を通じて，筆記テストのみならず，<u>インタビュー（面接），スピーチ，簡単な語句や文を書くこと等のパフォーマンス評価</u>や活動の観察等，多様な評価方法から，その場面における児童の学習状況を的確に評価できる方法を選択して評価することが重要である。

○　また，小学校高学年の外国語教育を教科として位置付けるにあたり，「評定」においては，中・高等学校の外国語科と同様に，その特性及び発達の段階を踏まえながら，数値による評価を適切に行うことが求められる。その上で，外国語の授業において観点別学習状況の評価では十分に示すことができない，児童一人一人のよい点や可能性，進歩の状況等については，日々の教育活動や総合所見等を通じて児童に積極的に伝えることが重要である。

下線部にある評価方法では，小学校でも高校同様にアクティブ・ラーニングの視点が必ず必要になる。「パフォーマンス評価」（書いたもの，インターラクション，話し合い，スピーチ，ショー・アンド・テル，グループでの課題解決，劇等）を施すためには，評価の規準を示した表（ルーブリック）の活用が必要になる。それらを学校でさまざまな例を参考に作成する必要がある。

　また，先にも示したように，毎回の授業で集める生徒の作品や記録をファイル等にストックしておき，評価をする際に活用したい。これらは，評価を下したエビデンスともなり，説明責任を果たすためにも，なくてはならないものになる。

❸まとめ

　高校の英語の指導に当たっては，アクティブ・ラーニング有りきではなく，これからの生徒に求められる資質・能力が今までとは大きく異なり，そのために評価観も大きく変えるということである。しかし，この求められる資質・能力を身に付けさせるためには，従来の指導では対応できないことから，アクティブ・ラーニングの視点で授業を構築することが求められるということである。これは，それほど難しいことではない。生徒を主体に授業を組み立てることを真剣に考えれば，おのずと生徒に資質・能力を身に付けさせることができることになるのである。

　最後に，高校の学習指導要領は2022年度から実施されることになる。大学入試も変わり，教科書でも指導語彙数が小・中・高校を通じて約4,000～5,000語程度となる。さまざまな高いハードルが教師に投げかけられることになるが，意に介さずにチャレンジしていただきたいと思う。

　我々が生きている時代と大きく変化する社会に生きていく生徒たちのこれからを考えると，どうしても生きていくための資質・能力として，これらは身に付けさせておかなければ，本当に不幸にさせてしまいかねないのである。

　国の大きな流れを批判することは簡単ではあるが，先生方独自の教え方を早急に模索し，生徒にとっても先生方にとってもwin-winの授業を見つけ出すことで，幸せな教師生活を送り，幸せな教え子たちを世に輩出していけたら教師冥利に尽きるのである。

（菅　正隆）